# DE L'INSTITUTION

## ET DE L'HOTEL

# DES INVALIDES

LEUR ORIGINE, LEUR HISTOIRE

1854 — DE SOYE ET BOUCHET, IMPRIMEURS, 2 PLACE DU PANTHÉON — PARIS

# DE L'INSTITUTION

## ET DE L'HOTEL

# DES INVALIDES

## LEUR ORIGINE, LEUR HISTOIRE

---

### DESCRIPTION DU TOMBEAU DE L'EMPEREUR

#### ET DE L'INTÉRIEUR DE L'HOTEL DES INVALIDES

---

## PAR G. DE CHAMBERET

Chef d'escadron d'état-major, aide-de-camp du Gouverneur des Invalides

> L'Hôtel des Invalides est le lieu le plus
> respectable de la terre.....
> (MONTESQUIEU, *XXIV<sup>e</sup> Lettre persane*).

## PARIS

### LIBRAIRIE MILITAIRE DE HANNEQUIN FILS

ÉDITEUR, 26 AVENUE LAMOTHE-PIQUET

PRÈS L'ÉCOLE-MILITAIRE

## 1854

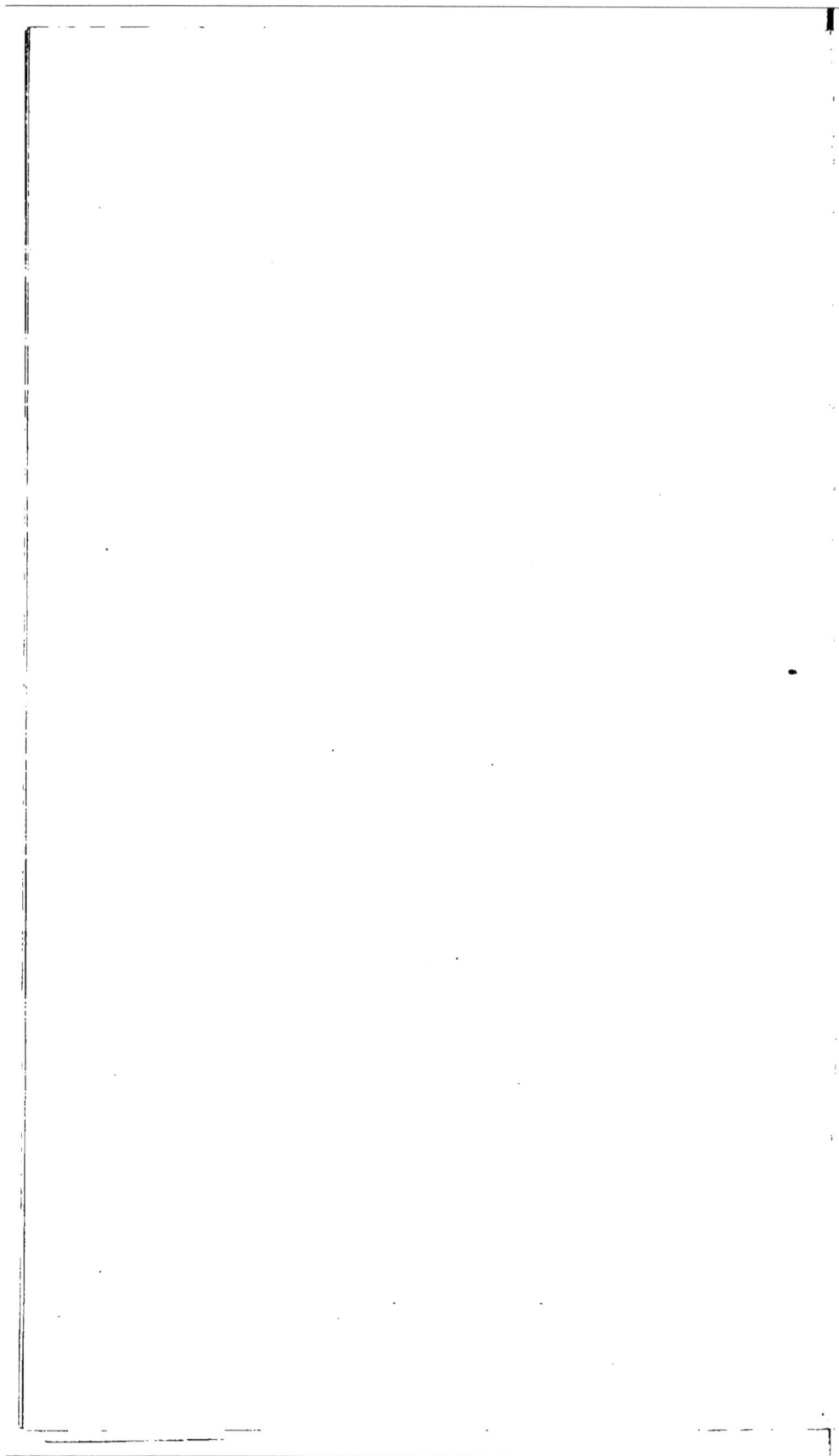

## AVANT-PROPOS

En publiant, sur l'institution et sur l'Hôtel des Invalides, les pages qui vont suivre, nous devons dire que, pour l'exécution de ce travail, nous avons eu souvent recours aux importants ouvrages qui ont paru, à diverses époques, sur cette intéressante matière, et que nous leur avons même emprunté, plus d'une fois, quelques passages.

Nous citerons, parmi ces ouvrages, la *Description historique* de l'abbé Pérau, qui remonte à 1756; le *Recueil de 1781, des édits, déclarations, ordonnances royales concernant l'Hôtel royal des Invalides*; les publications de MM. Solard, Cayla; les documents contenus dans les *Archives curieuses de l'histoire de France*, etc.

L'étude de ces nombreux et importants documents, jointe aux renseignements que nous pouvions nous procurer à l'Hôtel même des Invalides, nous a permis de compléter, sur cette institution vraiment nationale, un travail qui, nous l'espérons, ne sera pas sans intérêt.

Tout en ne voulant rien omettre de ce qui nous a paru digne d'être signalé, nous avons cherché à restreindre ce précis historique dans des limites aussi resserrées que possible.

Nous donnons, en terminant, une description abrégée du tombeau de l'Empereur, monument qui attire, à si juste titre, l'admiration publique, et qui ajoute à la grandeur du dôme la gloire du guerrier souverain dont les cendres reposent sous ses voûtes.

# TABLEAU DES GOUVERNEURS

# TABLE DES MATIÈRES

# DE L'INSTITUTION

## ET DE L'HOTEL

# DES INVALIDES

### LEUR ORIGINE, LEUR HISTOIRE

## CHAPITRE I<sup>er</sup>

### SOMMAIRE

Quelle était autrefois la situation des vieux soldats. — Ce que l'on faisait pour eux chez les Romains et chez les Francs. — Origine des *moines-laïs* et des *oblats* sous la race mérovingienne. — Améliorations apportées au sort des vieux soldats sous les carlovingiens et les capétiens. — Première pensée de création d'une maison de retraite en leur faveur sous Philippe-Auguste. — Ce qu'ils deviennent sous ses successeurs. — Essai d'un établissement public destiné à les recevoir, sous Henri IV. — Nouvelle tentative de Louis XIII dans le même but. — Situation fâcheuse des soldats estropiés, vieux ou infirmes, au commencement du règne de Louis XIV. — Ordonnance du 24 février 1670, portant établissement d'un Hôtel royal destiné à les recevoir. — Ressources financières nécessaires pour assurer cette création. — Difficultés de les obtenir. — Édit constitutif de l'Hôtel. — Les Invalides logés momentanément rue du Cherche-Midi, sont transférés à l'Hôtel royal. — Leur uniforme. — Règlements divers. — Lemaçon d'Ormoy, premier gouverneur. — Conditions et mode d'admission. — Blanchard de Saint-Martin est nommé gouverneur. — Punitions infligées, cheval de bois. — Activité avec laquelle Louvois pousse Mansard dans l'exécution des travaux. — Nombre toujours croissant des Invalides. — Impossibilité de les admettre tous. — Création des premières compagnies détachées. — Mort de Louvois. — Sa dépouille mortelle est transférée à l'église des Capucines. — Des Roches d'Orange est nommé

1

gouverneur. — Visite officielle de Louis XIV. — Privilége en vertu duquel les Invalides seuls sont chargés de la garde du roi depuis le moment où il entre à l'Hôtel jusqu'au moment où il en sort. — Le chiffre des Invalides s'élève jusqu'à dix mille. — Nécessité de créer de nouvelles ressources pour faire face aux dépenses. — Franchises accordées pour divers objets de consommation. — Alexandre de Boyveau est nommé gouverneur. — Nouvelle visite de Louis XIV. — Nombreux visiteurs à l'Hôtel. — L'Invalide à la tête de bois. — Nouveau règlement. — Mort de Mansard. — Artistes qui ont coopéré à l'exécution du dôme. — Article du testament de Louis XIV relatif à l'institution des Invalides. — Inauguration de la statue équestre de Louis XIV au-dessus de la porte d'entrée de l'Hôtel. — Mort de Louis XIV.

« L'Hôtel des Invalides, dit Montesquieu dans la *Vingt-quatrième lettre persane,* est le lieu le plus respectable de « la terre... J'aimerais autant avoir fait cet établissement, « si j'étais prince, que d'avoir gagné trois batailles. »

L'opinion publique a donné depuis longtemps sa sanction suprême à ce jugement porté par l'immortel auteur de *l'Esprit des lois.*

Est-il, en effet, une institution plus noble et plus nationale que celle qui a pour but d'assurer un sort tranquille aux braves soldats qui ont blanchi sous les armes, à ceux qui ont versé leur sang pour la défense de la patrie ?

Un établissement public fondé sur une vaste échelle était seul à même de secourir dignement de telles infortunes ; mais la réalisation d'un aussi beau projet exigeait, de la part du souverain, une puissance d'exécution que n'avaient pas les rois de France, dans les premiers siècles de notre histoire, et des sommes dont ils étaient loin de pouvoir disposer. Il fallait donc attendre, tout en regrettant de ne pouvoir surmonter les obstacles que l'on voyait s'élever devant soi.

Sans doute, chez les nations parmi lesquelles le sentiment militaire a été plus ou moins développé, il a été reconnu de tout temps que, si le citoyen combat pour la défense du pays au péril de ses jours, l'État doit à son tour acquitter envers lui cette dette du sang ; mais il était bien difficile de veiller avec une sollicitude vraiment efficace sur un si grand nombre d'existences dignes pourtant du plus vif intérêt ; aussi ne trouvons-nous pas, dans l'antiquité, d'institution analogue à celle des Invalides.

« S'il y eût eu chez les Grecs (dit l'abbé Pérau, dans « son remarquable ouvrage de 1756 sur les Invalides), un « établissement de cette nature, les orateurs, les historiens, « les poëtes, si curieux de perpétuer la gloire de leur nation « ne se seraient-ils pas fait un devoir d'en transmettre la mé- « moire à la postérité et de nous apprendre par quelles sages « mesures Athènes mettait en exécution ce beau décret de « l'Aréopage qui portait que ceux qui avaient vieilli sous les « armes ou qui revenaient couverts de blessures seraient « nourris aux dépens de la République. »

Chez les Romains, peuple le plus militaire de l'antiquité, on voit, à la vérité, partager entre les vétérans, sous le nom de bénéfices, les terres conquises sur l'ennemi. En assurant la conservation de ces biens, les vétérans étaient chargés de veiller encore d'une certaine manière à la défense de l'Empire ; mais cet avantage n'était accordé qu'aux vétérans susceptibles de rendre quelques services, et nullement à ceux devenus impotents par leur âge ou par leurs blessures.

Les Francs, en s'établissant dans les Gaules, adoptèrent la plupart des usages des Romains. C'est ainsi qu'ils partagèrent, entre les soldats, les bénéfices que la retraite ou la mort des défenseurs de l'Empire laissait à leur disposition. Plus tard, ceux-ci transmirent ces biens à leurs enfants sous la condition de devenir soldats eux-mêmes. Ces propriétés ainsi transmises transformèrent en terres saliques ce qui n'était que bénéfices, nom qui ne servit bientôt plus qu'à exprimer des biens possédés par les ecclésiastiques. C'est à cette époque que les auteurs fixent l'origine des fiefs, et quelques-uns celle de la noblesse.

On lit dans l'*Abrégé chronologique de l'histoire de France,* par le président Hénault que « la possession des terres fit les « nobles, parce qu'elle leur donna des espèces de sujets nom-

« més vassaux qui s'en donnèrent, à leur tour, par des sous-
« inféodations. »

Tous les possesseurs de fiefs, laïcs ou ecclésiastiques,
étaient tenus au service militaire. Lorsque les uns ou les autres se dispensaient du service personnel, ils devaient fournir
quelqu'un qui marchât à leur place pour commander les
troupes.

Les soldats n'étaient que des sujets ou des serfs. Ils se
réunissaient sous les ordres du possesseur du fief qui, indépendamment du commandement de sa petite troupe, avait
charge de veiller, dans ses terres, sur les familles de ses gens
de guerre et de trouver le moyen de les faire subsister.

Les possesseurs de fiefs ecclésiastiques ou monastiques,
propriétaires de maisons immenses où l'on vivait en commun,
avaient plus de facilité que les autres à pourvoir à la subsistance de leurs soldats caducs ou estropiés. C'est sans doute
pour ce motif que chaque communauté religieuse de quelque
importance était tenue de recevoir un certain nombre de soldats invalides sous le nom de *moines-lais* (moines laïques) ou
*oblats* (oblati, présentés), nom qui tirait son origine du droit
qu'avait le souverain, le fondateur ou le protecteur d'une abbaye, de présenter un soldat invalide à cette communauté
religieuse qui devait en prendre soin.

Il paraît prouvé que, du moment où les princes de la race
mérovingienne et leurs leudes eurent fondé des abbayes et
communautés religieuses, il y eut, dans ces monastères, des
réserves faites pour les soldats mutilés. On trouve dans les
recueils des historiens des Francs de nombreuses traces de
cette coutume. C'était en effet, à cette époque, la retraite la
plus convenable pour les secours spirituels et temporels à
donner à ces vieux soldats.

Les carlovingiens imitèrent, à cet égard, l'exemple des
rois de la première race.

Charlemagne tint la main avec une dignité ferme à ce que,
par égoïsme ou par intérêt, les supérieurs des monastères ne

se refusassent pas, ainsi qu'il arrivait trop souvent, à recevoir dans leurs communautés les soldats qui leur étaient adressés. Il veilla aussi à ce qu'on ne se permît pas à leur égard des traitements répréhensibles.

Philippe-Auguste, le premier roi de France qui eut à sa solde un corps permanent de troupes pour l'assister dans ses guerres, est aussi, selon toute apparence, le premier roi qui reconnut que l'institution des oblats n'était pas suffisante pour assurer le sort des soldats mutilés ou infirmes. Se voyant souvent arrêté dans ses succès par le caprice de ses vassaux qui ne l'assistaient que faiblement ou qui le quittaient au moment où il avait encore besoin de leur secours, il voulut avoir des troupes réglées. Il réfléchit en même temps qu'il ne suffisait pas de payer régulièrement ces troupes, mais qu'il fallait en outre les secourir plus efficacement que par le passé, quand l'âge ou les blessures les mettaient hors d'état de porter les armes. Aussi eut-il le projet de former pour eux une maison de retraite. C'est ce que nous apprend une lettre du pape Innocent III (Livre XI, épître 65), qui écrivait à ce prince pour lui dire qu'il consentait à exempter cette maison de la juridiction de l'évêque, comme Philippe-Auguste le lui avait demandé. Ce grand projet n'eut pas de suite et le P. Daniel, qui en parle dans son histoire de la milice française, assure n'avoir trouvé, dans les historiens de France, aucune trace de cette fondation.

Cependant le besoin d'une pareille institution, besoin résultant des guerres nombreuses de ce roi et de ses successeurs, se faisait de plus en plus sentir. C'était, en effet, un spectacle bien affligeant pour l'humanité que celui de tant de vieux soldats mutilés réduits à mendier de porte en porte le pain que l'État aurait dû leur assurer pour prix de leurs services. Leur nombre était trop grand pour qu'ils pussent être tous reçus dans les abbayes comme oblats ou religieux-lais ; d'ailleurs cette ressource présentait elle-même de nombreux inconvénients, car le soldat qui avait vécu au milieu des armées ne pouvait se plaire dans une communauté religieuse. D'un autre côté, les abbés, les moines, avaient souvent occasion de se plaindre de la conduite de gens que l'on contraignait à remplir les bas offices de la communauté et qui, comme on le comprendra sans peine, s'acquittaient souvent fort mal de ce service.

Quelques supérieurs de communautés essayaient de s'affranchir d'une partie de leurs obligations envers les moineslais; d'autres, voyant qu'ils ne pouvaient se refuser à les recevoir, imaginaient de faire donner ces places, soit à leurs officiers, soit à leurs domestiques. Il y avait donc aussi de ce côté à supprimer de graves abus contre lesquels s'élevèrent successivement plusieurs de nos rois.

On sentait d'ailleurs qu'il eût été bien plus convenable de créer en faveur des soldats infirmes un établissement public, mais c'était alors impraticable.

Saint Louis, qui perfectionna l'organisation monarchique commencée par son grand-père, s'occupa, comme Philippe-Auguste, de l'existence des soldats vieux ou mutilés. C'est à lui que l'on doit, lors de son retour de la croisade, la fondation de la première maison historique consacrée à des militaires invalides, celle des Quinze-Vingts, où l'on devait entretenir ceux des officiers croisés que le soleil d'Asie avait frappés de cécité; malheureusement cette belle institution ne s'appliquait qu'à une catégorie bien restreinte des militaires invalides.

Sous les successeurs de ce saint roi, nous ne voyons pas d'améliorations notables apportées au sort des vieux soldats.

Charles VII voulait sans doute faire quelque chose en leur faveur; mais il tenta auparavant de donner une forme et une consistance véritable à la milice française en levant un impôt permanent pour entretenir un corps réglé de chevalerie sous les noms de Compagnie d'ordonnance et troupe des francs-archers.

Louis XI supprima bientôt ces corps et se servit en grande

partie de soldats étrangers pour la défense de ses États.

Charles VIII ne négligea pas l'existence des gens de guerre, sans que leur sort eût été cependant amélioré sous son règne.

Louis XII, après avoir épuisé ses finances pour faire valoir ses droits sur le duché de Milan, employa les dernières années de son règne à rétablir le bon ordre dans l'intérieur de son royaume et ne put porter ses vues sur d'autres objets.

Sous le règne de François Ier fut instituée la grande milice des francs-archers. Ce roi ordonna ensuite la levée de l'impôt appelé *solde des trente mille hommes.* Il n'oublia pas les vieux soldats, car il établit que tous les gens de guerre qui auraient été mis hors de service seraient exempts de tailles et de tous subsides pendant le reste de leur vie, et que ceux qui seraient encore en état de rendre quelques services seraient employés dans les garnisons avec la solde des *mortes-payes* (espèce de retraite affectée au vétéran qui n'était plus en état de servir d'une manière active).

Henri II reprit le projet de François Ier et essaya de lui donner une autre forme. C'est lui qui fit publier, le 22 mars 1557, une ordonnance dont le dispositif a, dans la suite, servi de base à la division de notre infanterie en divers corps.

Sous François II, Charles IX et Henri III, on ne pouvait espérer que d'importantes mesures seraient prises en faveur des anciens soldats. Cependant, malgré le désordre dans lequel était le royaume, Charles IX et Henri III rendirent plusieurs ordonnances par lesquelles ils cherchèrent à réprimer certains abus relatifs aux oblats, car, comme nous l'avons dit, on admettait souvent ainsi dans les communautés des personnes qui n'avaient jamais porté les armes.

Henri IV, une fois sur le trône, ne pouvait oublier les services que lui avaient rendus ceux qui, en combattant vaillamment à ses côtés à Arques, à Ivry, etc., avaient, par leur courage et leur dévouement, conquis pour ainsi dire son royaume. Aussi entreprit-il de former un établissement dans lequel ceux qui avaient été estropiés ou qui avaient vieilli à

son service pourraient passer honorablement et tranquillement le reste de leurs jours.

L'ordonnance qui institue cet établissement est du mois
d'octobre 1597. Le roi affectait à cette destination la maison
de la Charité chrétienne du faubourg Saint-Marceau et une
autre appelée de *Lourcine,* déjà réunie à la précédente. Cette
nouvelle fondation devait être entretenue au moyen du produit résultant de la recherche des comptes des hôtels-Dieu,
léproseries, aumôneries, etc., ainsi que des produits des
amendes provenant d'abus ou malversations.

Nous croyons intéresser le lecteur en citant les termes du
remarquable édit de juillet 1604, qui confirme cette ordonnance.

Comme en toutes les œuvres qui sont recommandées de Dieu, il n'y
en a point qui lui soient plus agréables que la charité envers les pauvres, c'est pourquoi les rois très-chrétiens, nos prédécesseurs, et
plusieurs notables personnages de nos sujets, à leur imitation, ont
fait de très-belles fondations en plusieurs et divers endroits de notre
royaume, terres et pays de notre obéissance, pour les nourrir, loger
et entretenir et faire bâtir et édifier de belles et grandes maisons,
hôtels-Dieu, hôpitaux, maladreries et autres lieux pitoyables, auxquels toutes sortes de pauvres se retiraient; mais, comme les troubles
et guerres ont eu cours dans notre royaume depuis longtemps, il y a
eu une infinité de pauvres gentilshommes, capitaines et soldats qui
ont porté les armes pour notre service et des Rois nos prédécesseurs,
lesquels, non-seulement, ont employé leur jeunesse et reçu de grandes blessures, mais aussi ont, les uns, perdu leurs membres, ou sont
demeurés mutilés ou estropiés d'iceux; les autres, vieux, caducs, incapables de faire aucune chose, et ceux qui avaient des métiers ne
les peuvent exercer ni gagner leur vie, étant par ce moyen réduits en
grande nécessité et pauvreté, honteux de mendier et vaguer par les
rues, au mépris de leur qualité, préjudice de leur personne et grand
scandale public.

Cela nous aurait donné occasion, pour subvenir à leur pauvreté,
et la honte qu'ils ont de se voir en extrême nécessité, après avoir bien
mérité de nous par des services si signalés, et leur donner le moyen
de vivre le reste de leurs jours, et aussi pour donner plus grande occasion aux autres gentilshommes, capitaines et soldats, de nous faire
le service qu'ils nous doivent et hasarder leur vie plus hardiment avec
pareille affection et fidélité, et que lesdits pauvres estropiés, vieux et
caducs, sur l'assurance qu'ils auront, en cas qu'ils seront blessés ou

estropiés à notre service et de nos prédécesseurs, à l'avenir d'avoir une certaine retraite pour être logés, nourris et entretenus le reste de leur vie, par nos édits du 15 octobre 1597 et avril 1600, donné, octroyé et confirmé auxdits pauvres gentilhommes, capitaines et soldats estropiés qui sont demeurés vieils et caducs en nous faisant service, la Maison Royale de la Charité chrétienne, du faubourg Saint-Marceau de notre bonne ville de Paris, et à icelle donné, et affecté et confirmé pour fondation perpétuelle et irrévocable, la recherche des comptes de l'Hôtel-Dieu, les léproseries, hôpitaux, maladreries, aumôneries, confréries et autres lieux pitoyables de notre royaume, le reliquat desdits comptes et deniers revenant bons, et les amendes et les confiscations qui proviendront des abus et malversations commis par les administrateurs et gouverneurs d'icelles et autres.

Cet édit posait les premières bases d'un établissement durable en faveur des Invalides. Il était en grande partie l'œuvre de Sully, dont l'habileté aidait puissamment son maître.

Le roi, pour donner plus de relief à cette création, voulut instituer une sorte de décoration en faveur de ses soldats invalides et faire ainsi, de leurs infirmités même, un spectacle encourageant pour la jeunesse qui se consacrerait au service militaire.

Il ordonna que ceux qui feraient partie de cette espèce d'ordre de chevalerie porteraient sur leurs manteaux une croix de satin blanc bordé de bleu, au milieu de laquelle serait un écusson rond de velours bleu bordé de blanc, avec une fleur de lys de satin orange. Cette croix ainsi figurée devait servir d'armoirie de l'ordre. On devait mettre autour cette inscription :

HENRICUS IV, DEI GRATIA, FRANCORUM ET NAVARRÆ REX,
NOS INTRODUXIT, 6 FEBR. 1603.

*Henri IV, par la grâce de Dieu, roi de France et de Navarre,*
*Nous fit entrer dans cet asile, le 6 février* 1603.

Entre deux branches de palmier on lisait aussi ces mots :

POUR AVOIR BIEN SERVI.

Henri IV, dans le but d'augmenter les fonds destinés à cet établissement, y adjoignit le produit des places d'objets

places que les bénéficiers auraient désormais à payer en argent au lieu de recevoir, comme ils le faisaient jusque-là, des soldats hors d'état de continuer à servir. C'était, en effet, le meilleur moyen d'obvier aux abus et aux inconvénients que l'expérience avait constatés dans la distribution de ces sortes de places. En effet, les chefs de communautés continuaient à y admettre souvent leurs propres domestiques.

D'autres fois, les soldats eux-mêmes transigeaient de ces places avec des particuliers, leur cédaient leurs droits pour une somme d'argent promptement dissipée, puis ils retombaient dans l'indigence et erraient de côté et d'autre en demandant l'aumône, spectacle également injurieux au roi et à l'Etat.

Mais Henri IV, en créant la Maison de la Charité chrétienne, n'avait rien fait en faveur des soldats huguenots, ses premiers et fidèles compagnons d'armes, qui ne pouvaient y être admis. Sully en fit l'observation au roi et lui demanda d'assurer aux vétérans huguenots, par une ordonnance spéciale, une fondation entretenue au moyen d'une partie des ressources dont on disposait pour les Invalides.

« Sully a raison, répondit le roi, nous nous occuperons des Invalides huguenots. » En effet, on vit paraître bientôt un édit portant qu'il serait créé, dans la rue des Cordeliers-Saint-Marcel, un établissement destiné aux vieux officiers et soldats protestants ; mais cette institution ne jouit pas même sous Henri IV de la protection royale sur laquelle elle semblait devoir compter.

Pour compléter ses réformes, Henri IV fit examiner avec soin les brevets de ceux qui avaient obtenu des places d'oblats. Il donna à cet effet, au mois de juin 1606, un édit qui nommait une commission en tête de laquelle figuraient les ducs de Montmorency, connétable de France, et d'Épernon, colonel général de l'infanterie, pour prononcer sur la validité des titres des oblats et pour annuler ceux qui ne seraient pas en règle.

Bientôt après parut un règlement dans lequel on évaluait à 60 livres par mois la valeur numéraire de chaque place d'oblat. La charge imposée jusqu'alors aux diverses communautés de nourrir un nombre d'oblats proportionné à son importance et à sa richesse fut donc convertie en une somme annuelle de 60 livres par oblat. Les bénéficiers pouvaient, par ce moyen, se débarrasser des gens de guerre dont ils se plaignaient si souvent.

Il semblait que par cet arrangement on remédierait enfin à tous ces abus, et qu'avec le secours de ces nouvelles ressources Henri IV arriverait à former un établissement qui répondrait à l'amour qu'il avait pour ses troupes, lorsque le fatal événement du 16 mai 1610, en enlevant à la France un de ses plus grands rois, fit naître de graves troubles dans l'intérieur du royaume. Il ne fut plus possible alors de s'occuper d'un objet qui demandait pour sa réalisation une longue tranquillité.

Marie de Médicis, déclarée régente, abandonna même complétement ces projets, car, par un arrêt du Conseil du 1er septembre 1611, il fut ordonné que tous les officiers ou soldats caducs et estropiés iraient, comme auparavant, remplir les places d'oblats dans les bénéfices sujets à cette charge.

Ainsi disparut la première institution des Invalides tracée par le fondateur de la dynastie des Bourbons.

Les choses restèrent en cet état pendant plusieurs années. Enfin, Louis XIII, sur les réclamations et plaintes continuelles qui lui étaient faites, et par les vieux soldats qui ne pouvaient s'accoutumer à vivre dans les monastères, et par les bénéficiers qui les recevaient malgré eux, régla, par ordonnance du mois de janvier 1629, que les communautés donneraient désormais la somme annuelle de 100 livres pour l'entretien de ceux des oblats qui ne voudraient pas rester chez eux.

En même temps, des lieutenants-généraux de terre et de mer furent nommés pour examiner les certificats de ceux des gens de guerre qui, par leur âge ou leurs infirmités, pourraient aspirer à cette pension. Il fut recommandé de plus aux commissaires de donner la préférence sur tous autres aux soldats estropiés au dernier siége de la Rochelle, qui venait de se terminer heureusement le 2 octobre 1628.

Malgré ces précautions, de nouveaux abus ne tardèrent pas à se montrer. Des soldats trafiquèrent de leurs brevets de pension, comme ils l'avaient fait autrefois de leurs places de religieux-lais. Après avoir consommé en peu de temps l'argent qu'ils s'étaient ainsi procuré, on les vit de nouveau réduits à demander l'aumône.

On revint alors à l'idée de fonder un établissement où les militaires invalides seraient reçus et vivraient en commun.

Le cardinal duc de Richelieu, chargé d'organiser cette communauté, choisit à cet effet le château de Bicêtre. Tout semblait annoncer l'accomplissement de ce projet, car cet habile ministre avait à cœur d'assurer le sort des guerriers qui, en sa présence et sous ses ordres, avaient bravé la mort pour la gloire du roi et la tranquillité du pays.

Sur sa proposition, Louis XIII décida, par un arrêt perpétuel et irrévocable, la fondation d'une communauté ou ordre de chevalerie sous le titre de « *Commanderie de Saint-Louis,* « où tous ceux qui feront voir par de bonnes preuves ou « attestations qu'ils ont été estropiés à la guerre pour le ser- « vice du roi, seront reçus et admis pour y être nourris et « entretenus le reste de leurs jours de toutes choses néces- « saires à la vie. »

Les places d'oblats furent affectées à l'entretien de la communauté de Saint-Louis. On donna, en même temps, plus d'étendue aux produits qu'on devait en tirer, en décidant que ces places d'oblats auxquelles, jusqu'alors, certains bénéfices seulement étaient assujettis, seraient exigées de tous ceux rapportant 2,000 livres.

En attendant l'organisation complète de la Commanderie, Louis XIII ordonna que le receveur général paierait à tout serviteur ayant pension assignée sur quelque abbaye une rente annuelle de 100 livres, de quartier en quartier.

Cependant le duc de Richelieu faisait pousser activement les travaux de la maison de Bicêtre, que devaient occuper les militaires invalides. C'était le 7 août 1634, quelques mois après l'édit du roi, que, par les ordres du cardinal ministre et à ses frais, avait été commencée, dit la *Gazette de France,* la clôture de la Commanderie de Saint-Louis, pour le logement et nourriture des capitaines et soldats estropiés, vieux et caducs.

On devait croire que cet établissement dont on s'occupait avec tant de soin serait promptement terminé. Les feuilles publiques l'annonçaient déjà à l'Europe. Celles du mois d'octobre 1634 parlèrent d'une procession générale de l'Ordre qui eut lieu à cette maison le 27 septembre de ladite année.

Au moment où le public devait supposer que cet édifice pourrait être promptement occupé, tout cet appareil, qui avait fait tant de bruit, tomba subitement dans l'oubli.

Il ne fut plus fait mention, sous ce règne, ni de cet établissement, ni d'aucun autre en faveur des gens de guerre, ce qu'il faut attribuer sans doute aux événements qui contraignirent le ministre à porter ses vues sur d'autres objets de la plus haute importance.

Soit par ce motif, soit par celui du nombre trop considérable des Invalides, qui n'auraient pu être tous reçus dans la Commanderie de Saint-Louis, la condition des soldats devenus infirmes au service du roi, était, à la mort du duc de Richelieu et à la fin du règne de Louis XIII, aussi fâcheuse qu'à l'époque de la première déclaration de Henri IV.

On chercha à suivre, sous Louis XIV, la plupart des projets formés par le grand ministre qui avait illustré le règne de Louis XIII. Celui d'une fondation en faveur des gens de guerre ne fut pas oublié; mais le temps d'une minorité, toujours peu propre aux grandes entreprises, ne permit pas de prendre un parti. D'ailleurs, les guerres extérieures et les troubles civils préoccupaient trop vivement pour qu'on pût songer à autre chose qu'à résister à ces luttes dangereuses.

Sans entrer ici dans aucun détail sur le règne de Louis XIV, nous citerons le prince de Condé ornant des lauriers de Rocroy le berceau du jeune monarque ; la France, quoique troublée par les guerres civiles de la Fronde, étendant ses victoires sur l'Autriche et l'Espagne ; nous rappellerons la prépondérance qu'elle acquiert en Europe après la paix de Westphalie avec l'Autriche, en 1648, et le traité des Pyrénées avec l'Espagne, en 1659.

Tel est l'état dans lequel la France reste entre les mains du jeune roi, à la mort du cardinal Mazarin, en 1661, victorieuse au dehors, mais pauvre et mal administrée au dedans.

C'est alors que d'habiles ministres travaillent à réparer ce beau royaume. Colbert rétablit l'ordre dans les finances, tandis que le rigide Louvois prépare, par ses soins organisateurs, des victoires nouvelles.

De son côté, le jeune monarque cherche à mettre à profit, dans l'intérêt de son empire, les événements qui se présentent. Après une première coalition, détournée par le traité d'Aix-la-Chapelle, une seconde se déclare, en 1637, et entraîne la France dans les hasards d'une guerre européenne.

Au milieu de ces luttes incessantes, le nombre des soldats devenus impotents ou mutilés était si grand, et leur position si malheureuse, que Louis XIV, pour venir en aide à tant d'infortunes dignes de tout son intérêt, sentit la nécessité de réaliser sur une vaste échelle la pensée de ses prédécesseurs, en fondant l'Hôtel des Invalides.

C'est en vain que jusqu'alors il avait cherché à apporter quelque soulagement au sort de ces vieux militaires. Paris était rempli de soldats et même d'officiers en grand nombre réduits à demander publiquement l'aumône. Une ordonnance rendue le 15 février 1644 avait bien prescrit de les faire sortir de la ville et de les envoyer sur les frontières, où on leur promettait leur subsistance. Une autre, du 19 mars

de la même année, leur interdisait de mendier ; mais ces ordonnances restaient presque sans effet. Les uns continuèrent
à demeurer à Paris, les autres allèrent dans les provinces
où ils excitèrent du désordre.

Sur les plaintes réitérées venues de toutes parts, le roi
prit la résolution de mettre les vieux soldats en position de
vivre tranquillement, dans une retraite honorable où rien ne
leur manquerait. Par édit du conseil, du 4 décembre 1668,
il fit faire des recherches exactes de tous les bénéfices qui
pourraient supporter des pensions, à titre d'oblats, pour venir en aide aux gens de guerre impotents ou infirmes.

A la suite de cet important travail, parut la déclaration de
janvier 1670, portant que les pensions d'oblats ou religieuxlais, payées par les communautés religieuses, seraient de
150 livres au lieu de 100 livres.

Le mois suivant, un arrêt du conseil ordonna que dans six
mois, pour tout délai, les militaires pourvus de places d'oblats rapporteraient au secrétaire d'État de la guerre leurs
provisions, certificats et autres titres, passé lequel temps ils
en seraient déchus, et que les fonds de ces pensions seraient
remis entre les mains du sieur Penautier, receveur général du
clergé, pour être employés à la construction d'un établissement destiné à recevoir les soldats vieux ou infirmes.

Il n'y eut plus à douter dès lors des intentions du roi.
Elles furent bien plus clairement manifestées encore par l'ordonnance du 24 février 1670 déclarant que, « pour mettre
« fin à tous les abus, la volonté du roi est d'établir un Hôtel
« royal où seront entretenus les soldats blessés et estropiés
« à la guerre ou vieillis dans le service. » Les fonds versés
par les chapitres devaient être divisés en deux parties, l'une
servant à l'entretien des soldats dans cet Hôtel, l'autre destinée à payer aux officiers et sous-officiers des pensions ainsi
fixées :

Chaque capitaine, 200 livres.

Chaque lieutenant ou officier subalterne, 150 livres.

Chaque sergent, 50 livres.

Cette ordonnance fut lue à la tête des corps et compagnies d'infanterie qu'elle concernait particulièrement.

Mais le produit des pensions d'oblats était bien loin d'être suffisant pour élever un aussi bel et immense édifice et pour subvenir aux frais d'entretien d'un si grand nombre de soldats. Aussi fut-il en outre ordonné, le 12 mars 1670, que, pendant les années 1671, 1772, 1673, 1674 et les six premiers mois de 1675, on retiendrait, pour le même objet, deux deniers pour livre sur tous les payements qui seraient faits par les trésoriers généraux de l'ordinaire et de l'extraordinaire des guerres.

Enfin, le 15 avril de la même année 1670, la construction de l'Hôtel royal des Invalides fut annoncée par un nouveau décret royal, comme un projet entièrement arrêté. En attendant la construction de ce magnifique bâtiment, on disposa d'une partie de ces fonds pour louer, rue du Cherche-Midi, près la Croix-Rouge, une vaste maison destinée à donner asile aux officiers et soldats estropiés.

Louvois fut chargé de l'exécution de ce décret. Il reçut comme aides et suppléants pour la partie administrative les trois frères Camus, sociétaires dans lesquels il avait le plus de confiance ; mais les chapitres religieux ne payèrent point entre les mains du receveur général du clergé la redevance voulue par le roi. Il fallut, par un second arrêté du conseil, à la date du 15 janvier 1671, leur ordonner ce paiement d'une manière comminatoire, sous peine de saisie et de vente de leurs biens.

Ce ne fut pas encore assez ; les chapitres firent des difficultés nouvelles. La patience de Louvois et du monarque fut à bout : aussi, le 26 avril 1672, parut un dernier arrêté du conseil enjoignant à tout abbé ou prieur d'abbaye ou prieuré à la nomination royale et d'un revenu de 1,000 livres, de payer immédiaiemnnt 150 livres pour les années 1670 et 1671, et de continuer ce payement annuel.

Cette fois, enfin, on obéit. Les constructions de l'Hôtel royal des Invalides furent commencées par les soins du célèbre architecte Libéral-Bruant, sous la direction de Louvois.

Bientôt parut le mémorable édit d'avril 1674, qui constitua d'une manière décisive cette belle institution.

Nous ne pouvons mieux faire que de citer textuellement les principaux passages de cet édit par lequel son glorieux fondateur pourvoit à tout et prévoit tout ce qui peut assurer le sort des soldats envers lesquels la patrie a contracté une dette sacrée de reconnaissance.

### Edit du roi pour l'établissement de l'Hôtel royal des Invalides.

Louis, par la grâce de Dieu roi de France et de Navarre, à tous présents et à venir ; salut.

La paix qu'il plut à Dieu de nous donner vers la fin de l'année 1659 et qui fut conclue aux Pyrénées, entre nous et le roi catholiques ayant rétabli pour lors le repos presque dans toute la chrétienté, et nous ayant délivré des soins que nous étions obligés de prendre pour la conservation de notre État, et de veiller au dehors à nous opposer aux entreprises que nos ennemis y pouvaient faire ; nous n'aurions eu d'autre application, pendant que ladite paix a duré, que de songer à réparer, au dedans d'icelui, les maux que la guerre y avait causés, et de corriger les abus qui s'étaient introduits dans la plupart de tous les ordres ; ce qui a eu tout le succès que nous en pouvions espérer. Et comme pour accomplir un dessein si utile et si avantageux, nous avons estimé qu'il n'était pas *moins digne de notre piété que de notre justice, de tirer hors de la misère et de la mendicité les pauvres officiers et soldats de nos troupes, qui ayant vieilli dans le service, ou qui, dans les guerres passées, ayant été estropiés*, étaient non-seulement hors d'état de continuer à nous en rendre, mais aussi de rien faire pour vivre et subsister ; et qu'il était bien raisonnable que ceux qui ont exposé librement leur vie et prodigué leur sang pour la défense et le soutien de cette monarchie, et qui ont si utilement contribué au gain des batailles que nous avons remportées sur nos ennemis, aux prises de leur places et à la défense des nôtres, et qui, par leur vigoureuse résistance et leurs généreux efforts, les ont réduits souvent à nous demander la paix, jouissent du repos qu'ils ont assuré à nos autres sujets et passent le reste de leurs jours en tranquillité. Considérant aussi que rien n'est plus capable de détourner ceux qui auraient la volonté de porter les armes, d'embrasser cette profession, que de voir la méchante condition où se trouveraient réduits la plupart de

2

ceux qui s'y étant engagés, et n'ayant point de bien, y auraient vieilli ou été estropiés, si l'on n'avait soin de leur subsistance et entretènement, nous avons pris la résolution d'y pourvoir. Et quoique nous ayons ci-devant, à l'exemple des rois nos prédécesseurs, tâché d'adoucir la misère desdits estropiés, soit en leur accordant des places de religieux-lais dans les abbayes et prieurés de notre royaume, qui de tous temps leur ont été affectés, soit en les envoyant, comme nous avions fait, dans nos places frontières, pour y subsister et y être entretenus au moyen de la solde que nous leur avions ordonnée, ainsi qu'aux autres soldats de nos troupes ; néanmoins comme il est arrivé que la plupart desdits soldats, préférant la liberté de vaguer à tous ces avantages, après avoir les uns composé et traité desdites places de religieux-lais dont ils étaient pourvus, les autres quitté et déserté lesdites places frontières, sont retombés dans leur première misère ; nous aurions jugé à propos pour apporter remède à ce mal, de recourir à d'autres moyens ; et après en avoir fait examiner plusieurs qui nous ont été proposés sur ce sujet, nous n'en avons pas trouvé de meilleur que celui de faire bâtir et construire en quelqu'endroit commode et proche de notre bonne ville de Paris, un hôtel royal d'une grandeur et espace capables d'y recevoir et loger tous les officiers et soldats, tant estropiés que vieux et caducs de nos troupes, et d'y affecter un fonds suffisant pour leur subsistance et entretènement. A l'effet de quoi et pour suivre un si pieux et louable dessein, et mettre la dernière main à un ouvrage si utile et si important, nous avons donné nos ordres pour faire bâtir et édifier ledit hôtel royal au bout du faubourg Saint-Germain de notre bonne ville de Paris, à la construction duquel on travaille incessamment, au moyen des fonds de deux deniers pour livre, que, par arrêt de notre conseil d'État du 12 mars 1670, nous avons ordonné aux trésoriers, tant de l'ordinaire que de l'extraordinaire de la guerre et cavalerie légère, de retenir par leurs mains sur toutes les dépenses généralement qu'ils feront du maniement des deniers de leur charges, pour être, de ce fonds de deux deniers pour livre, employé tant à la construction dudit hôtel, qu'à le meubler convenablement ; de sorte que ledit hôtel étant déjà fort avancé, et presque en état de loger lesdits officiers et soldats estropiés, vieux et caducs, il ne reste plus qu'à pourvoir à les y faire subsister commodément, et autres choses concernant le bon ordre et discipline que nous désirons être gardés dans ledit hôtel. *Savoir faisons* que, pour ces causes, après avoir fait mettre cette affaire en délibération en notre conseil, *Nous* de l'avis d'icelui, et de notre grâce spéciale, pleine puissance et autorité royale, avons par ce présent édit, perpétuel et irrévocable, fondé, établi et affecté ; fondons, établissons et affectons à perpétuité ledit hôtel royal, que nous avons qualifié du titre des *Invalides*, lequel nous faisons construire au bout dudit faubourg Saint-Germain de notre dite ville de Paris, pour le logement, subsistance et entretènement de tous les pauvres officiers et soldats de nos troupes, qui ont été et seront estropiés, ou qui ayant vieilli dans le service en icelles, ne seront plus capables de nous en rendre ; du quel hôtel, comme fondateur nous voulons *être aussi le protecteur et conservateur immédiat, sans qu'il dépende d'aucun de nos officiers, et soit sujet à la visite et juridiction de notre grand aumônier ni autres.* Et afin que ledit hôtel royal soit doté d'un revenu suffisant et assuré qu'il ne puisse jamais manquer, pour la subsistance et entretènement dans icelui desdits officiers et soldats invalides, nous y avons affecté et affectons à perpétuité par ce présent édit, tous les deniers provenant des pensions des places des religieux-lais, des abbayes et prieurés de notre royaume, qui en peuvent et doivent porter, selon et ainsi qu'il a été par nous réglé, tant par notre déclaration du mois de janvier 1670, que par les arrêts de notre conseil d'État des 24 janvier audit an 1670, et 27 avril 1672 :

Et d'autant que nous sommes bien informés que le nombre des officiers et soldats estropiés, vieux et caducs, est fort grand ; et que ne pouvant manquer (la guerre ouverte comme elle est) qu'il n'augmente considérablement, et qu'ainsi le fonds provenant des pensions desdits religieux-lais, ne serait pas suffisant pour leur subsistance et entretènement, en sorte qu'il est nécessaire d'y pourvoir encore d'ailleurs, pour soutenir un établissement si utile, et empêcher que, faute de fonds, il ne vienne à manquer ; nous y avons, d'abondant et de la même autorité que dessus, affecté et affectons pour toujours celui qui proviendra aussi des deux deniers pour livre de tous les payements qui seront faits par les trésoriers généraux de l'ordinaire et de l'extraordinaire de nos guerres et cavalerie légère, à cause de leursdites charges, et par celui de l'artillerie ; après que ce qui sera nécessaire, tant pour achever la construction dudit hôtel des Invalides et le mettre en sa perfection, que pour l'achat des meubles et autres choses qu'il conviendra dans icelui, pour le rendre habitable, aura été employé :

Voulons et entendons qu'au moyen dudit hôtel royal, et des fonds ci-dessus dont nous l'avons doté, tous les officiers et soldats estropiés, vieux et caducs de nos troupes, soient logés, nourris et vêtus leur vie durant dans icelui : que comme ledit hôtel n'étant destiné que pour le logement, subsistance et entretènement desdits officiers et soldats estropiés et invalides, le fonds ci-dessus mentionné dont nous l'avons doté est suffisant pour y subvenir, nous voulons qu'il ne puisse être reçu ni accepté pour ledit hôtel aucunes fondations, dons et gratifications qui pourraient lui être faites par quelques personnes, et pour quelque cause, et sous quelque prétexte que ce soit.

Louis XIV indique par cette phrase qu'il entend établir une institution toute royale, sans analogie avec les autres fondations pieuses. Dans le paragraphe qui suit il fait don à l'Hôtel en ces termes :

De tous les biens meubles et immeubles jugés nécessaires pour la plus grande commodité, utilité, embellissement et pour conserver les vues d'icelui, sans que pour raison de ce on soit tenu de nous payer aucun droit d'amortissement, ni même aucune indemnité, lots et ventes, quints et requints, rachat ni relief, pour ce qui se trouvera mouvant de nous et en censive de notre domaine, etc.

Un autre paragraphe accorde une franchise de plusieurs droits dans les termes suivants :

Déclarons pareillement ledit hôtel exempt de tous droits de guet, garde et fortifications, fermeture de ville et faubourgs, et généralement de toutes contributions publiques et particulières, telles qu'elles puissent être, quoique aussi non exprimées par ce présent édit, pour de toutes lesdites exemptions jouir par ledit hôtel entièrement et sans réserve, etc.

L'ordonnance passe ensuite à ce qui concerne l'administration, l'admission à l'Hôtel, etc.

Nous avons résolu de nous en reposer sur celui de nos secrétaires d'État et de nos commandements, qui a et aura ci-après le département de la guerre, lequel, en ladite qualité de directeur et administrateur général dudit hôtel, aura le pouvoir de faire exécuter tout ce qu'il estimera nécessaire et à propos pour le maintien de la discipline et du bon régime en icelui ; à l'effet de quoi, nous voulons et entendons que chaque mois il soit tenu par le directeur et administrateur général, une assemblée dans ledit hôtel, en laquelle pourront assister le colonel du régiment de nos gardes françaises, le lieutenant-colonel et le sergent-major d'icelui, et les colonels des six vieux corps de notre infanterie, comme aussi le colonel général de notre cavalerie légère, le mestre de camp général, et le commissaire général d'icelle et le colonel général des dragons, pour tenir un conseil, et en icelui voir et aviser aux statuts, règlements et ordonnances qu'il sera à propos de faire, tant pour la juridiction, police, discipline, correction et châtiment de ceux qui tomberont en faute, que pour la bonne administration et gouvernement dudit Hôtel, etc.

Que nul ne pourra être reçu et admis dans ledit hôtel que après que les certificats, qu'il rapportera de ses services, auront été présentés audit conseil, qu'ils auront été vus et examinés en icelui, et y auront été jugés bons et valables.

Quant aux officiers, serviteurs et domestiques qui devront être employés dans ledit Hôtel pour le secours et assistance des Invalides, ils seront nommés par le directeur et administrateur général qui nous présentera ceux qu'il jugera dignes d'être établis comme gouverneur, aumônier, chapelain, receveur, contrôleur, apothicaire, chirurgien, médecin,

Ces derniers fonctionnaires sont l'objet d'une faveur toute spéciale. Le roi entend que les médecins ainsi établis jouissent des mêmes honneurs et priviléges que les médecins ordinaires de sa maison.

Voulons aussi, y est-il dit, que le principal chirurgien qui servira dans ledit hôtel acquière et gagne sa maîtrise en notre bonne ville et faubourgs de Paris, après avoir servi et travaillé dans ledit hôtel, durant le temps et espace de six ans consécutifs, etc.

La sollicitude du monarque s'étend jusque sur les artisans employés à l'Hôtel :

A l'égard des artisans, qui travailleront dans ledit hôtel, nous voulons qu'ils ne puissent être sujets à visite des maîtres ou jurés, ni recherchés et inquiétés pour tous les ouvrages et manufactures qu'ils feront dans ledit hôtel pour l'usage, utilité et service d'icelui seulement.

Quant à ce qui regarde le maniement des fonds destinés pour l'entretènement dudit hôtel, nous voulons et entendons qu'ils soient mis ès-mains du receveur d'icelui, pour être par lui employés conformément aux états et ordonnances, et qu'à la fin de chaque année, il soit fait une assemblée dans ledit hôtel, pour examiner, clore et arrêter le compte général de la recette et dépense pour ladite année.

Après cet article relatif aux comptes à rendre, vient le détail des priviléges accordés pour l'affranchissement des droits d'entrée des denrées diverses :

Nous voulons et entendons que ledit hôtel jouisse du droit de franc-salé pour le sel nécessaire à la provision d'icelui, jusqu'à la concurrence de trente minots par chacun an, à prendre au grenier de notre ville de Paris, dont nous voulons que le bail de nos gabelles soit chargé, sans qu'il soit payé autre chose que le prix du marchand ; comme aussi de l'exemption et affranchissement de tous droits d'entrée, d'aides et autres quelconques pour la quantité de trois cents muids de vin, le tout sur les certificats dudit directeur et administrateur général.

Si *donnons en mandement* à nos amés et féaux conseillers les gens tenant notre Cour du Parlement de Paris, Chambre des comptes et Cour des aides audit lieu, présidents et trésoriers de France au bureau de nos finances établi audit Paris, que ce présent édit ils aient à faire lire et registrer ; et le contenu en icelui garder, faire garder et observer inviolablement, selon sa forme et teneur, sans permettre qu'il y soit contrevenu en quelque sorte et manière, et pour quelque cause et sous quelque prétexte que ce puisse être : *car tel est notre plaisir* ; et afin que ce soit chose ferme et stable à toujours, nous avons fait mettre notre scel à cesdites présentes, sauf en autres choses notre droit, et l'autrui en toutes. *Donné* à Versailles, au mois d'avril, l'an de grâce mil six cent soixante-quatorze, et de notre règne le trente-unième.

*Signé* LOUIS.

Par le Roi, *signé* LE TELLIER.

*Visa* DALIGRE, et scellé du grand sceau de cire verte en lacs de soie rouge et verte.

Telle est l'ordonnance constitutive dont les bases servirent de règlement unique pendant plusieurs années à l'hôtel des Invalides. On y retrouve à chaque pas la ferme volonté qu'avait Louis XIV de créer une institution vraiment royale, et d'assurer, d'une manière convenable et digne, le sort des vieux soldats.

Cet édit fut enregistré au Parlement le 5 juin 1674, à la Cour des aides le 9 juin, au grand Conseil du roi le 29 juin, au bureau des finances de la généralité de Paris le 9 juillet, et à la Chambre des comptes le 18 août de la même année.

Aussitôt après la promulgation de cette ordonnance, Louvois nomma le personnel de l'hôtel. Il appela Lemaçon d'Ormoy, prévôt général des bandes à la police du régiment des gardes françaises, au poste aussi honorable qu'important de gouverneur ; de Sennerie à la charge de lieutenant du roi, et les frères Camus aux fonctions d'intendants et de directeurs.

Sous l'habile direction de l'architecte Libéral Bruant, les bâtiments s'élevèrent avec rapidité. L'église, dite des soldats, fut appropriée aux besoins du culte religieux, en attendant la construction de celle que le génie d'Hardouin Mansard devait couronner d'une manière si grandiose. Les plans de cette église et du dôme avaient été adoptés par Louis XIV, et Mansard avait reçu, au mois de mars 1675, l'ordre de se mettre à l'œuvre.

Louvois, qui venait suivre ces travaux toutes les fois que ses occupations lui en laissaient le temps, trouvait toujours que les constructions ne marchaient pas au gré de ses désirs, et cependant chacun apportait, dans l'exécution de cette œuvre gigantesque, la plus grande activité.

Le roi lui-même venait quelquefois de Versailles à Paris, sans se faire annoncer, pour stimuler l'architecte et les ouvriers.

Les visites répétées du monarque et de son premier ministre produisirent un effet si puissant que, vers la fin de 1674, on put transférer, dans le nouvel hôtel, les Invalides logés momentanément rue du Cherche-Midi, à la Croix-Rouge. Les journaux du temps annoncèrent à l'avance cette cérémonie, à laquelle le roi devait assister.

On lit dans les mémoires de cette époque que, par une belle journée du mois d'octobre, une foule immense, dans laquelle se trouvaient réunies toutes les classes de la société, stationnait à l'entour de l'hôtel des Invalides, où le roi arrivait, vers le milieu du jour, dans un brillant carrosse attelé de six chevaux, suivi de nombreux équipages. Les carrosses défilèrent et ne s'arrêtèrent que dans la cour d'honneur.

A deux heures, les Invalides de la rue du Cherche-Midi débouchèrent sur l'esplanade en marchant trois de front. Deux invalides presque centenaires, qui avaient assisté aux batailles d'Arques et d'Ivry, tenaient la tête du cortége, dans lequel se trouvaient d'anciens pensionnaires de Bicêtre, des soldats mutilés qui avaient pris part en tout ou en partie à la guerre de Trente Ans, ceux qui avaient fait la campagne de Flandres, en 1667, etc.

Ces vieux et jeunes Invalides, dont la présence rappelait à la fois toute la gloire militaire de la France sous Henri IV, Louis XIII et Louis XIV, furent reçus dans l'asile que leur ouvrait le monarque, au bruit du tambour battant aux champs et aux cris enthousiastes de la foule donnant ainsi sa sanction suprême à l'œuvre du grand roi.

Louis XIV, ayant à sa droite le ministre Louvois, et à sa gauche le gouverneur Lemaçon d'Ormoy, reçut avec la plus grande bienveillance la députation des Invalides de la Croix-Rouge, qui, par l'organe de l'un d'eux, vieux sergent mutilé, témoigna au roi, au nom de ses camarades, toute la reconnaissance dont ils étaient pénétrés.

Au moment du départ du roi, les Invalides se groupèrent autour de lui et firent retentir l'air de leurs vivats prolongés.

Tel est le résumé de la manière dont se passa cette intéressante cérémonie.

Louvois, dont la sollicitude pour ses Invalides ne se ralentissait pas, voulut leur donner, quand ils furent établis dans l'hôtel, un vêtement uniforme et approprié à leurs besoins; car, jusque là, ils conservaient la tenue des régiments où ils avaient servi.

D'accord avec le gouverneur de l'hôtel, il leur assigna un uniforme qui consistait en :

Un habit de drap bleu, sans revers, uni, pour la sortie; culotte idem. Pour l'intérieur, un gilet de peau jaune doublé de toile. L'habit devait être renouvelé tous les six ans, et la culotte tous les trois ans. L'habit était orné de tresses qui furent remplacées, plus tard, par des boutonnières d'argent.

L'administration de l'hôtel habilla les Invalides jusqu'en 1701, époque à laquelle un entrepreneur fut chargé de vêtir tous les pensionnaires de l'hôtel, moyennant une somme convenue, en se conformant aux modèles établis comme types.

Sous l'administration des frères Camus, dont nous avons parlé plus haut, les officiers et les soldats mangeaient à des tables de douze couverts, comme ils le font encore à présent. Les aliments étaient préparés dans la même cuisine, mais ils étaient de qualité différente. Il en était de même du pain, distribué, d'ailleurs, en égale quantité pour tous (une livre et demie par homme et par jour). Ce ne fut qu'en 1792 que le même pain fut donné aux officiers et aux soldats.

Les règlements de l'époque nous apprennent que chaque homme avait une livre de viande pour ses deux repas; que le œuf et le mouton étaient servis rôtis ou bouillis aux officiers et que les soldats avaient tous les jours le bouilli. Les jours maigres étaient scrupuleusement observés. On servait alors de la morue, de la merluche, du saumon salé, des harengs, œufs, légumes, salades. Les officiers et soldats mangeaient dans de la vaisselle d'étain, sans distinction; les heures de repas étaient les mêmes qu'aujourd'hui, neuf heures du matin et quatre heures du soir.

Pour donner aux vieux soldats malades les soins attentifs dont ils avaient besoin, des sœurs de la maison de Saint-Lazare furent attachées perpétuellement aux infirmeries près desquelles un logement spécial leur fut affecté. Leur nombre, d'abord de douze, fut augmenté successivement et porté à vingt. Le contrat relatif à l'établissement de ces sœurs porte la date du 7 mars 1676.

Le 17 mai 1675, il avait aussi été passé un contrat pour l'établissement à l'hôtel des Invalides d'un certain nombre de prêtres de la Mission.

En vertu de ce contrat, Messire Edme Jolly, supérieur général de la Congrégation de la Mission, demeurant en la maison de Saint-Lazare-lès-Paris, s'engage, ainsi que ses successeurs, à fournir au moins douze prêtres, et davantage s'il en est besoin, jusqu'au nombre de vingt, pour le service des Invalides, lesquels prêtres feront les fonctions curiales, à perpétuité dans l'hôtel, prieront Dieu pour la conservation de la sacrée personne du roi, pour la maison royale et pour la prospérité de ses armées, etc. »

« Il sera bâti un logement proche l'église suffisant et com-
« mode pour lesdits prêtres, lesquels demeureront sous la
« protection spéciale du roi. Ledit hôtel sera chargé envers
« lesdits prêtres de la somme de 3,000 fr., qui sera payée de
« quartier en quartier, et par avance. »

« Lesdits prêtres administreront les sacrements à tous ceux
« dudit hôtel et aux officiers et domestiques d'icelui tant
« sains que malades et leur feront des exhortations, prédica-
« tions et catéchismes. »

Tout Invalide entrant à l'hôtel devait être sequestré du dehors quarante jours pendant lesquels les prêtres étaient chargés de l'instruire de la religion. Ces vieux soldats accoutumés à la vie des armées, ne pouvaient se faire à cette espèce de quarantaine contre laquelle ils s'élevaient incessamment et qui fut cependant maintenue jusqu'en 1789 avec plus ou moins de sévérité ou de laisser-aller, selon les époques diverses.

Des servants ou serviteurs, en nombre suffisant, furent aussi attachés à l'hôtel pour le service et pour venir en aide aux invalides dits *moines-lais* ou *manicros*. Le nom de *moines-lais* s'appliquait particulièrement aux soldats qui, ayant perdu la vue ou étant devenus impotents par l'âge ou par suite de leurs blessures, avaient besoin d'être aidés dans plusieurs des actes ordinaires de la vie. On appelait *manicros* ceux qui, ayant été amputés des bras ou des jambes, ne pouvaient, sans secours étranger, manger, s'habiller ou se mouvoir. L'origine de la classe des manicros remonte au 25 février 1689. On trouve pour la première fois, à cette date, une décision portant « qu'il sera attaché au nommé Jean Dupuy, « dit Malartigues, soldat sans bras, un soldat de la maison « pour lui aider et l'assister dans ses besoins, auquel on don- « nera quatre francs par mois, à commencer du 1er mars sui- « vant. »

Ces deux catégories d'invalides existent encore aujourd'hui sous la même dénomination. Ceux qui en font partie reçoivent, indépendamment des soins personnels dont ils ont besoin, une nourriture particulière préparée spécialement pour eux dans les cuisines de l'infirmerie.

Cependant l'administration de l'hôtel marchait aussi bien que le permettaient les fonds dont on disposait, grâce à la ferme direction de Louvois, secondé par le gouverneur et par le conseil d'administration. Ce conseil se composait du ministre de la guerre, du gouverneur, du directeur, du lieutenant du roi, du contrôleur général, des trésoriers généraux, du contrôleur et du directeur des archives. Mais, malgré l'active surveillance apportée dans l'emploi des sommes affectées aux Invalides, les ressources provenant de l'impôt de 150 francs par an prélevé sur les abbayes et prieurés ne suffisaient pas, quoiqu'on y eût ajouté les deux deniers pour livre payés par les trésoriers généraux de l'ordinaire et de l'extraordinaire des guerres, somme pourtant très-considérable en raison des troupes nombreuses que nécessitaient les guerres presque continuelles qu'on avait à soutenir.

En 1675 on fut obligé de prélever 3 deniers pour livre, au lieu de 2, sur ces fonds et, un peu plus tard, de porter même ce chiffre à 4 deniers.

Vers la même époque, un arrêté du conseil du roi vint doubler la somme à fournir par chaque abbaye. C'est au moyen de ces ressources que les immenses travaux de l'hôtel et du dôme purent être poussés aussi activement, tout en faisant face aux besoins des pensionnaires de l'hôtel.

Nous lisons dans la description historique de l'Hôtel royal des Invalides, par Granet que, sur la grande façade de l'édifice, une des salles les plus considérables de l'hôtel par sa grandeur, son exhaussement et la magnificence de ses tapisseries, fut construite pour tenir les séances du conseil. C'est cette vaste salle qu'occupe aujourd'hui la bibliothèque. On n'y voit plus ces remarquables tapisseries qui avaient été faites par des soldats invalides et dont parle le manuscrit de la bibliothèque de l'Arsenal; mais on trouve, dans la salle actuelle du conseil, voisine de la précédente, la collection intéressante des portraits de tous les gouverneurs qui se sont succédé depuis Lemaçon d'Ormois jusqu'à nos jours.

A l'époque où des Invalides exécutaient ces travaux de tapisseries, d'autres faisaient, sur parchemin, de grands missels d'église si parfaitement exécutés, et ornés de si belles peintures, que Louis XIV leur en commanda de pareils pour la chapelle de Versailles.

Ces livres auxquels travaillèrent, assure-t-on, des Invalides qui n'avaient qu'un bras, mais dont les noms ne sont pas parvenus jusqu'à nous, sont conservés religieusement à la bibliothèque de l'Hôtel où ils figurent en tête des plus précieux ouvrages.

Bien que l'ordonnance constitutive de 1674 fît mention des titres que devraient fournir les militaires qui demanderaient à être admis aux invalides, il n'y avait rien encore de formellement réglé à ce sujet.

Pendant les premières années les admissions avaient lieu de la manière suivante :

Un conseil, composé des officiers de chaque régiment, présentait trois candidats pour chaque place d'invalide-officier. Parmi les membres de ce conseil, quelques-uns étaient désignés par le roi pour vérifier les titres des postulants, et prononcer sur l'admission, qui était ensuite soumise à la ratification royale.

Un conseil analogue présentait trois candidats, sergents ou soldats. Un capitaine, désigné dans ce conseil, choisissait l'un des candidats. Ce choix devait, en outre, être revêtu de la sanction royale.

Mais les conditions d'admission ne furent réellement définitivement établies que par le règlement du 3 janvier 1710, portant que : « les officiers, sergents, cavaliers et soldats,
« qui se présenteront pour être reçus à l'hôtel, n'y seront
« point admis, s'ils ne sortent actuellement du service,
« qu'ils n'aient au moins vingt années de service actuel,
« consécutif et sans interruption, ou qu'ils n'aient été estro-
« piés au service, ou mis hors d'état de servir et tout à fait
« invalides ;

« Qu'il ne sera reçu aucun officier à l'hôtel, sur pied d'of-
« ficier, qu'il n'ait servi deux années, au moins, en ladite
« qualité, hors qu'il ne soit estropié pendant ledit temps, et
« que ledit officier ne soit hors d'état de servir. »

Il est à remarquer que l'on n'admit pas d'abord aux Invalides les officiers et soldats de l'artillerie, qui, cependant, déjà organisée par Louvois en dix compagnies, avait rendu de grands services dans les guerres.

Pour diminuer les dépenses de l'Hôtel, toujours supérieures aux recettes, le roi avait rendu, le 26 juin 1677, un nouvel édit, accordant augmentation de franc-salé et affranchissement de vin, vivres et autres provisions nécessaires à l'Hôtel des Invalides.

Un arrêté, du 30 juillet 1678, porte aussi augmentation de trois cents muids de vin et de trente minots de sel.

En même temps, les abbayes, prieurés et autres bénéfices, qui n'avaient pas encore payé le tribut des oblats, ou qui avaient été réunis à la France par suite de conquête, furent soumis à solder la pension des religieux-lais pour la subsistance des soldats invalides.

Au moyen de ces nouvelles ressources, les immenses bâtiments de l'Hôtel continuaient à s'élever en même temps que les invalides y étaient reçus.

Le gouverneur, Lemaçon d'Ormoy, déployait depuis trois ans un zèle énergique et incessant pour la prospérité de l'institution confiée à ses soins, quand il succomba à la peine, en 1678.

Malgré sa rigidité habituelle, il fut universellement regretté, car chacun appréciait ses efforts persévérants pour le bien-être de tous et son impartialité invariable. Il eut pour successeur André Blanchard de Saint-Martin, ancien mestre de camp de cavalerie, qui avait pris part à tous les événements de la guerre de Trente-Ans.

Par sa bienveillance et son esprit de conciliation, le nouveau gouverneur obtint de ses subordonnés beaucoup plus que son prédécesseur. Les désordres furent moins nombreux, ce qui était grandement à désirer, car on doit reconnaître qu'il y avait jusque là, de la part des invalides, de trop nombreuses infractions à la discipline.

Pour maintenir la tranquillité dans les chambres, il avait été rendu, à la date du 16 mars 1676, une décision portant qu'il serait choisi un sergent par compagnie, à qui l'on donnerait trente sous par mois, « pour ses peines, à la condition « qu'il serait chargé de la police des chambres des soldats « de sa compagnie. »

Parmi les punitions infligées, on remarquait celle qui s'appliquait aux ivrognes. En vertu de la décision du 17 avril 1677, tout soldat revenant ivre de la ville était mis en prison, et ensuite passait deux mois sans sortir de l'Hôtel.

La punition la plus curieuse était celle dite du *cheval de bois*. La décision qui l'inflige porte la date du 7 janvier 1679 ; elle est ainsi conçue : « Au cas qu'il se trouve quelque étranger « couché dans l'Hôtel au lit d'un officier, l'officier sera incon- « tinent interdit, et celui qui aura été trouvé couché sera « mis sur un cheval de bois pendant trois heures : et en cas « que ce soit un soldat ou cavalier, le soldat et celui qui « aura été trouvé avec lui seront aussi mis sur le cheval de « bois pendant le même temps. »

Voici en quoi consistait, d'ailleurs, cette punition, qui, dit-on, a continué d'être appliquée pendant de très-longues années. Un cheval de bois, suspendu par des cordes à des poulies, pouvait être hissé plus ou moins. Il était destiné à recevoir le délinquant dans le lit duquel on avait trouvé un étranger ou une étrangère. Une fois à cheval sur cette bizarre monture, on avait à résister aux soubresauts qu'on lui imprimait au moyen des poulies. Il arrivait souvent que, dans ces chocs répétés, le patient était désarçonné, ce qui excitait les risées des nombreux spectateurs, dont les plaisanteries et les quolibets n'étaient pas la partie la moins redoutable de la punition.

Blanchard de Saint-Martin obtint de Louis XIV de nouvelles franchises et de nouvelles redevances pour les Invalides. Il s'occupa activement de l'organisation militaire de l'Hôtel, qui n'avait pu être qu'ébauchée jusque-là.

Louvois le secondait de toute son énergie ; il visitait chaque

semaine les travaux, s'assurait si le service se faisait régulièrement, approuvait ou désapprouvait les règlements proposés par le conseil, portait, en un mot, ses regards scruta-
teurs sur toutes les parties du service. La construction du
dôme était surtout l'objet de sa vive sollicitude. En descendant de son carrosse, il courait trouver Mansard et conférait
avec lui de tout ce qui était relatif à cette œuvre admirable,
qu'il nommait à juste titre le chef-d'œuvre de l'architecture
française.

Au commencement de 1691, les visites du ministre à l'Hôtel devinrent plus fréquentes. On eût dit qu'avant sa mort,
qu'il pressentait peut-être, il voulait étudier et contempler
son œuvre dans tous ses détails. « Hâtez-vous, disait-il à
« Mansard, dans l'une de ces visites, hâtez-vous, si vous vou-
« lez que je voie votre dôme achevé. »

Indépendamment de cette impulsion presque fiévreuse du
ministre, le conseil se réunissait fréquemment, et proposait
toutes les mesures qu'il jugeait propres à améliorer la position des pensionnaires de l'Hôtel.

Les campagnes de 1679 à 1691 avaient tellement augmenté le nombre des soldats invalides, que l'Hôtel pouvait à
peine suffire à loger ceux qui étaient compris dans les déno-
minations de *moines-lais* et de *manicros*. Ceux qui pouvaient
encore se servir de leurs membres durent céder la place
à des camarades plus mutilés ou plus impotents. En conséquence, Louvois ordonna que quatorze compagnies d'Invalides seraient dirigées sur Montreuil-sur-Mer. Il y en eut
d'autres envoyées successivement au Havre, à Abbeville, et
dans divers châteaux ou citadelles. Le manuscrit de la bibliothèque de l'Arsenal de 1752 relate qu'à cette époque plus de
onze mille Invalides servaient ainsi. Un des derniers actes de
Louvois fut cet envoi dans les garnisons, envoi devenu indispensable par le trop grand nombre d'Invalides à recevoir à
l'Hôtel.

Ce grand ministre mourut le **16** juillet **1691**, emportant les regrets sincères des Invalides qui lui devaient, en grande partie, le noble asile où s'abritaient leurs derniers jours. Ils le sentaient bien et ils le disaient hautement dans leurs chambres en se racontant les moindres détails des visites fréquentes de Louvois. Par une clause de son testament, il avait demandé à être enterré dans l'église des soldats; aussi les Invalides s'écriaient-ils au milieu de leurs regrets : « Il fut notre père pendant sa vie, et il veut reposer auprès « nous après sa mort. »

Le jour de ses funérailles fut un jour de deuil pour tout l'Hôtel. Juste hommage rendu à la mémoire d'un homme qui avait puissamment contribué pendant longtemps aux victoires de Louis XIV, comme aux grands travaux et aux importantes améliorations exécutés pendant son règne.

En 1699, la famille de Louvois, craignant de voir sa mémoire outragée, demanda au roi et obtint de lui l'autorisation d'exhumer ses dépouilles mortelles et de les transporter à l'église des Capucines de la rue Saint-Honoré. Cette cérémonie eut lieu dans la nuit du 22 juillet 1699.

Le temps était magnifique, et la lumière scintillante des étoiles perçait la lueur des torches que portaient la famille de l'illustre défunt et les Invalides qui avaient obtenu la permission d'accompagner le cercueil. A deux heures du matin, le funèbre cortége, après avoir traversé la foule silencieuse échelonnée sur son passage malgré la nuit, arriva à l'église des Capucines où fut déposé le corps du grand ministre, désormais à l'abri, dans cette retraite, des haines politiques que son souvenir aurait pu susciter encore après lui.

Vers cette époque, de fréquentes désertions avaient lieu dans les régiments. Pour les faire cesser, on augmenta la solde journalière qui fut portée à 5 sols pour le fantassin et à 7 sols pour le cavalier. On comprend quelles charges nouvelles étaient ainsi imposées à l'Etat à une époque où les troupes entretenues devaient être assez nombreuses pour résister à l'Europe coalisée.

En même temps, le chiffre des soldats mutilés augmentait de jour en jour. Les dépenses énormes qu'exigeait l'entretien de l'armée active ne permettaient pas de disposer de sommes suffisantes en faveur des Invalides, qui se ressentaient de cette pénurie du Trésor. C'est en vain qu'on les dirigeait par centaines sur des places fortes pour y tenir garnison. A mesure qu'on faisait partir ces détachements, il en arrivait à l'Hôtel de plus nombreux encore, et presque tous de la catégorie des moines-lais ou manicros.

D'un autre côté, il fallait pourvoir aux frais considérables de la construction du dôme et mettre la dernière main aux parties de l'Hôtel qui n'étaient pas encore achevées.

Le gouverneur, Blanchard de Saint-Martin, souffrait en voyant ses Invalides moins bien traités que par le passé. Ses soins incessants ne pouvaient triompher des obstacles insurmontables qu'il rencontrait : sa santé, ébranlée par tant de tracas, ne fit bientôt que décliner. Il mourut en 1696, après avoir administré pendant dix-huit ans ce bel établissement avec une bonté paternelle qu'il s'avait allier à une impartiale fermeté. Chacun appréciait les éminentes qualités de ce chef qui emportait avec lui des regrets sincères et unanimes.

Il fut remplacé par Des Roches d'Orange, maréchal général de la cavalerie de France, qui comptait plus de quarante années de beaux services et qui avait fait ses premières armes sous Condé et Turenne. Administrateur aussi intègre qu'habile, il jouissait dans l'armée d'une grande réputation. On ne pouvait donc faire un meilleur choix.

Le ministre de la guerre Letellier, marquis de Barbezieux, qui, en 1691 avait succédé à Louvois, son digne père, vint, le 22 mars 1696, recevoir à l'Hôtel le serment du nouveau gouverneur en présence de tous les militaires invalides. Après que Des Roches d'Orange eût prêté le serment prescrit, le ministre de la guerre lui adressa une allocution résumée en ces termes dans l'ouvrage de M. Cayla : « Monsieur Des Ro- « ches d'Orange, la confiance du roi et l'estime que je vous

« porte vous ont appelé à remplir le poste de Gouverneur de
« l'Hôtel royal des Invalides, qui a déjà été occupé par deux
« hommes très-remarquables : joignez à la fermeté, à l'acti-
« vité de Lemaçon d'Ormoy, l'affabilité, le dévouement de
« Blanchard de Saint-Martin, et vous continuerez cette glo-
« rieuse série de gouverneurs qui comprendra, à l'avenir,
« tout ce qu'il y aura de grand et d'illustre dans l'armée
« française. »

Le nouveau gouverneur s'appliqua sans retard à réaliser
ce qu'on attendait de lui. Son active surveillance ne négligeait rien de ce qui pouvait être utile aux braves soldats dont
le soin lui était confié. En même temps qu'il s'occupait de
leurs intérêts, il usait de toute son influence pour faire pousser rapidement les travaux de l'Hôtel et ceux du dôme. Ces
derniers, malgré toute l'activité déployée par Mansard et par
les artistes les plus habiles qu'il employait, n'avançaient pas
au gré de Louis XIV qui, en 1699, quitta un matin le palais
de Versailles, et, après avoir visité le château et le parc de
Meudon où il avait donné rendez-vous à Mansard, se rendit
avec lui aux Invalides.

Conduit par l'habile architecte, il examina dans les plus
grands détails les travaux du dôme, depuis les parties basses
jusqu'aux plus élevées, en montant sur les échafaudages pour
voir de près les fresques qu'on exécutait en ce moment.

Quel que fut le soin du royal visiteur de garder le plus
strict incognito, il fut pourtant reconnu au moment où il
quittait l'Hôtel. Cette nouvelle, répandue instantanément,
produisit la plus vive sensation parmi les vieux soldats qui
accoururent au plus vite, mais pas assez tôt cependant pour
voir encore le monarque que son carrosse emportait déjà à
Versailles. Leur désappointement fut vif, comme on le comprendra sans peine. Louis XIV en ayant été instruit promit
au gouverneur qu'il irait voir prochainement ses braves estropiés et qu'il le préviendrait de sa visite deux jours à l'a-
vance. Le gouverneur s'empressa de faire connaître cette heu-

reuse nouvelle aux officiers et aux soldats invalides qui atten-
dirent tous avec impatience la venue du roi.

Louis XIV n'oublia pas sa promesse. Un mois ne s'était
pas écoulé, qu'il revenait à l'Hôtel, accompagné cette fois de
madame de Maintenon et d'autres personnages de la cour.

Les Invalides, réunis dans la Cour d'honneur, attendaient
sous les armes l'arrivée du monarque. Aussitôt que son carrosse eut franchi la porte, plusieurs d'entre eux se portèrent
au-devant des gardes-du-corps chargés de l'escorte et les
empêchèrent d'avancer en leur disant que, du moment où le
roi entrait dans l'Hôtel, il ne devait avoir d'autre garde que
ses Invalides; que ceux qui l'avaient défendu sur les champs
de bataille pouvaient bien veiller sur lui quand il venait les
visiter. Une vive altercation s'engagea à ce sujet et appela
l'attention de Louis XIV, qui, instruit du motif de cette discussion, dit au capitaine de ses gardes de se retirer et de
l'attendre hors de l'Hôtel. Il ajouta qu'à l'avenir, toutes les
fois qu'il y viendrait, il confierait sa personne à ses chers
estropiés. En entendant ces paroles, les Invalides témoignèrent au roi leur reconnaissance par des cris enthousiastes.

Le monarque et les hauts personnages qui l'accompagnaient visitèrent l'Hôtel dans les plus grands détails; ils
parcoururent les salles principales, entre autres celles occu-
pées par les moines-lais, auprès desquels ils s'informèrent
avec intérêt de leurs campagnes, des batailles auxquelles ils
avaient assisté, des blessures qu'ils avaient reçues, etc.

Au moment où les illustres visiteurs allaient quitter l'Hôtel, un Invalide amputé d'une jambe s'approcha de M$^{me}$ de
Maintenon en lui présentant, sur un plat, un pain de distribution entouré de fleurs. « Permettez-moi, madame, dit le
« vieux soldat, de vous offrir et de vous prier de goûter le
« pain avec lequel nous sommes nourris. » Les dames de la
cour en mangèrent en effet et, le trouvant très-mauvais, elles
le dirent au roi, qui fit appeler l'administrateur Camus de
Beaulieu. Après lui avoir adressé une sévère réprimande sur

la qualité du pain, le roi lui prescrivit d'en donner de meilleur à l'avenir.

Le monarque, en se retirant, fut accompagné jusqu'à la porte principale par les Invalides qui l'escortaient et qui remirent sa royale personne à ses gardes-du-corps. Cette visite officielle, dans laquelle Louis XIV avait témoigné tant de bienveillance et de sollicitude pour ses vétérans, fut un véritable événement dans l'Hôtel. Les Invalides qui avaient salué le roi de leurs acclamations en conservèrent religieusement le souvenir.

A partir de ce jour, les gardes-du-corps du roi n'entrèrent plus dans l'Hôtel lorsque le souverain vint y faire visite. Cet usage, que Louis XIV venait d'introduire pour honorer les braves vétérans de ses armées, fut par la suite revendiqué par eux, et presque toujours avec succès, en pareille circonstance.

Cependant les guerres incessantes que la France avait à soutenir contre les armées coalisées épuisaient complétement ses finances. En même temps le nombre des Invalides à admettre à l'Hôtel continuait d'augmenter dans des proportions telles qu'il atteignait le chiffre de dix mille pensionnaires. Comment faire face aux frais énormes qui en étaient la conséquence inévitable ? Les ressources fournies par les abbayes, celles provenant des 2, 3 et même 4 deniers pour livre payés par les trésoriers généraux de l'ordinaire et de l'extraordinaire des guerres étaient loin de suffire à tant de dépenses, malgré les franchises de toutes sortes accordées aux objets de consommation destinés à l'Hôtel.

C'est en vain que le gouverneur Des Roches d'Orange redoublait de soin et d'active surveillance; il ne pouvait parvenir à assurer le sort de ses vieux compagnons d'armes. Leur situation précaire était pour lui un motif constant de tourments et d'inquiétude qui influait d'une manière fâcheuse sur sa santé. Il succomba à la peine en 1705, à l'âge de soixante-dix-neuf ans et fut universellement regretté dans l'Hôtel.

Il fut remplacé par Alexandre de Boyveau, déjà lieutenant du roi depuis treize ans aux Invalides, où il était aimé et estimé de chacun. Le nouveau gouverneur avait perdu un bras au siége de Mons, en 1691; il comptait les plus honorables services. Il continua les sages mesures prises par son prédécesseur. Grâce à son impulsion secondée par Lajavie, lieutenant du roi à l'Hôtel, ancien mestre de camp, de nombreuses améliorations furent introduites dans les divers services. Plusieurs décisions importantes, qui n'étaient que faiblement exécutées jusque-là, furent mises en vigueur. De ce nombre était celle du 26 mars 1690 portant que « dorénavant il ne « pourrait se faire aucun testament dans l'Hôtel que le major « n'y fût présent, et que, sur les testaments, il ne serait mis « aucune chose pour MM. les prêtres de la Mission, ni pour « les Sœurs de la Charité établies en cet Hôtel. »

Quant aux mariages des Invalides, la décision du 10 septembre 1693, qu'on avait négligé de faire observer, porte que « personne de la maison ne pourra se marier sans s'être « adressé à M. le gouverneur, qui aura soin de le renvoyer à « M. le curé, pour examiner si l'Invalide n'a point d'empê- « chement pour contracter mariage, et pour s'informer de la « personne qu'il veut épouser; et sur le certificat de M. le « curé, que ledit Invalide apportera à mondit sieur le gou- « verneur, il lui donnera la permission de se marier, et tout « ce que dessus sera observé, à peine pour l'Invalide d'être « chassé de l'Hôtel. »

En 1706, l'Hôtel fut honoré d'une nouvelle visite du monarque. Le 26 du mois d'août il y arriva en carrosse accompagné des principaux personnages de la cour. Il commença par entendre la messe célébrée par l'Archevêque de Paris. Il parcourut ensuite différentes parties de l'Hôtel, et, quoique abattu par l'âge et par les soucis inséparables des luttes qu'il avait sans cesse à soutenir contre les troupes coalisées, il ne se sépara pas de ses chers estropiés sans leur adresser quelques paroles chaleureuses qui ranimèrent leur enthousiasme.

Cette fois, comme la précédente, les gardes, du corps d'escorte quittèrent à l'entrée de l'Hôtel le roi, dont la garde fut confiée aux Invalides jusqu'au moment de son départ.

Depuis que l'Hôtel était habité, on y voyait venir souvent un grand nombre de personnes du plus haut rang poussées par le désir très-naturel de connaître ce bel établissement, et la manière dont les Invalides y étaient traités. Ces visiteurs n'étaient pas toujours exempts des espiégleries des vieux grognards qui, malgré leur âge et leurs blessures, conservaient ce fonds de gaîté moqueuse qui caractérise le soldat français. En tête des tours plaisants joués aux curieux, on doit citer l'histoire populaire de l'Invalide à la tête de bois. Elle date des premières années de la fondation de l'Hôtel. Le manuscrit de la bibliothèque de l'Arsenal en parle en ces termes :

« Comme il se présente des gens de toute espèce pour « voir l'Hôtel, quelques soldats badins ont inventé une bonne « plaisanterie à faire à ceux qu'ils trouvent faciles à attraper, « et qu'ils instruisent de ce qu'il y a de curieux à voir ; ils « leur recommandent surtout de ne pas s'en aller sans voir « l'*Invalide à la tête de bois.*

« Quand la proposition prend, ils indiquent son corridor « et sa chambre, et comme leurs camarades sont tous pré- « venus, ils font faire aux idiots plusieurs voyages dans « l'Hôtel pour chercher la *tête de bois*, en les renvoyant de « chambre en chambre, d'où on leur dit qu'il vient de sortir « dans le moment. »

L'histoire de l'Invalide à la tête de bois s'est perpétuée dans l'Hôtel. Si la crédulité des visiteurs n'est plus mise à l'épreuve à ce sujet, le souvenir des anecdotes auxquelles elle a donné lieu est évoqué par les loustics de l'Hôtel et vient parfois égayer encore les vieux grognards.

La conduite des Invalides, tant à l'intérieur qu'à l'extérieur de l'Hôtel, laissait beaucoup à désirer. Ces anciens soldats, accoutumés à la licence des camps, se faisaient bien difficilement à la vie régulière qui leur était prescrite. Trop souvent la population parisienne « était scandalisée, disent les mémoires du temps, de la dépravation de leurs mœurs. C'était principalement sur le Pont-Neuf, rendez-vous général de tous les charlatans, bateleurs, marchands forains, etc., qu'ils se réunissaient et se livraient à des excentricités de toutes sortes. »

On les voyait aussi en grand nombre à la foire Saint-Germain, lieu de réunion des bohémiens, faiseurs de tours, etc. Il se passait peu de jours où il n'y eut à signaler quelque rixe à laquelle des Invalides avaient pris part. Ils rentraient à l'Hôtel tantôt meurtris ou blessés, tantôt dépouillés du peu d'argent qu'ils avaient emporté, lorsqu'ils ne l'avaient pas dépensé de la plus triste manière.

Pour réprimer de tels désordres, il fallait des mesures sévères appliquées avec discernement et vigueur. C'est ce qui ne tarda pas à avoir lieu, car le 3 janvier 1710 parut un réglement aussi remarquable par sa netteté que formel en ses défenses. Nous croyons intéressant d'en citer quelques passages.

« Bien que la plus grande partie de ceux qui ont été reçus
« en cet Hôtel s'y gouvernent sagement ; néanmoins comme
« il n'est presque point possible que, dans un si grand nombre,
« il ne s'en trouve de libertins, il a été jugé à propos de
« dresser la présente ordonnance pour être affichée dans les
« endroits de l'Hôtel les plus fréquentés, afin que personne
« ne puisse prétendre cause d'ignorance de tout ce qui y doit
« être observé !.. »

Les premiers articles sont relatifs à l'admission à l'Hôtel.

L'article v porte que « tous les officiers, sergents, cava-
« liers et soldats qui se gouverneront mal et qui ne se corri-
« geront pas après avoir été avertis, seront chassés de l'Hôtel
« sans espérance d'y pouvoir rentrer.

« Ceux qui jureront et blasphèmeront le saint nom de
« Dieu, pour la première fois seront mis en prison pendant

« deux mois ; et s'ils ne se corrigent pas, seront chassés de
« l'Hôtel.

« Ceux qui prendront querelle dans l'Hôtel ou autre part,
« ou qui se battront seront, pour la première fois, en prison
« pendant deux mois, et s'ils retournent à de pareils excès,
« seront chassés de l'Hôtel. »

Les punitions pour ivrognerie, pour découcher, ne sont
pas moins sévères.

Quant à ceux qui recevront dans leurs chambres des personnes du dehors pour les faire coucher avec eux, sous prétexte que ce sont des parents ou des amis, l'article xi prescrit
que « les officiers seront mis aux arrêts pendant un mois,
« et les sergents, cavaliers ou soldats en prison pour pareil
« temps : outre cela lesdits sergents, cavaliers et soldats
« seront mis sur le cheval de bois (dont nous avons donné
« la description) pendant deux heures avec les personnes
« que l'on aura surprises couchées avec eux.

Par l'article xxxii il est expressément défendu de fumer à
quelle heure que ce soit hors de la cour de l'avancée et des
poëles destinés pour ce sujet. Des punitions sévères sont
infligées si l'on viole cette défense. Il est également interdit
de vendre ou de débiter aucune espèce de tabac dans la
maison.

Il est expressément défendu aux Invalides de mendier dans
la ville ou dans les maisons, de s'accoster des filles de joie,
de jouer sur le Pont-Neuf et autres places publiques, et de
fréquenter les tabagies et autres lieux de désordre, à peine
d'être mis à l'hôpital général de Bicêtre.

Nous n'avons parlé que des articles les plus saillants de ce
règlement. Il en renferme un grand nombre d'autres également importants sur la police, la propreté de l'Hôtel. A la
suite de sa publication, des punitions sévères et même quelques exclusions prononcées à propos, produisirent un salutaire exemple. Il y eut bientôt à signaler une amélioration
notable dans la conduite de ces vieux serviteurs qui pêchaient

plutôt par habitude et par entraînement que par mauvais vouloir.

Après l'adoption de ces sages mesures sur la discipline, le roi n'oublia pas le sort des officiers et soldats de la nation suisse qui, faisant profession de la religion protestante, ne pouvaient être admis à l'Hôtel. Par ordonnance du 17 janvier 1710, Sa Majesté ordonna que, sur les revenus dudit Hôtel royal des Invalides, il serait pris chaque année une somme de 6,000 livres pour être partagée et employée savoir : 5,000 livres en cent pensions de 50 livres chacune, et les autres 1,000 livres en dix pensions de 100 livres chacune. Ce secours, quoique bien faible encore, vint soulager de dignes infortunes.

Une décision du 10 octobre 1710 porte refus du legs de tous ses biens fait par le testament du chevalier de Beaufort. Cette décision confirme l'ordonnance d'institution portant que l'Hôtel royal des Invalides ne peut et ne veut recevoir aucuns dons ni legs que ceux qui sont faits par Sa Majesté.

Mais de douloureux revers ôtaient à l'armée son ancienne énergie. Les conférences d'Utrecht n'avaient amené aucun résultat et il fallait une dernière fois recourir aux armes. Le sort de la France fut confié au maréchal de Villars, auquel Louis XIV dit en lui remettant le commandement général : « Monsieur le maréchal, vous voyez où nous en sommes ; il « faut vaincre ou périr. »

Deux mois après, la victoire de Denain, remportée le 24 juillet 1712, apprenait à la France qu'elle venait d'échapper glorieusement aux coups de ses ennemis ligués. Chacun sait que la paix d'Utrecht due à cette victoire décisive vint mettre un terme aux angoisses du pays et permettre au monarque d'achever plus paisiblement à l'abri de ces lauriers les dernières années de son règne.

Le célèbre architecte du dôme, Ardouin Mansard, n'avait pu terminer son œuvre grandiose. Il était mort le 11 mai 1708 et avait précédé de sept années dans la tombe le mo-

narque qui l'honorait de son amitié. Cailleteau, son successeur, après avoir été constamment son collaborateur et son
aide efficace, continua les travaux de l'Hôtel et du dôme.

Pour rendre à chacun la part qui lui est due dans cette
œuvre monumentale, nous devons citer les noms des grands
artistes qui ont coopéré à son exécution. Le célèbre sculpteur
Girardon avait été chargé de la décoration sculpturale, où il
avait déployé son remarquable talent. Toutes les esquisses
des peintures avaient été dessinées par un des meilleurs
élèves de Lebrun, nommé Charles de Lafosse. Jouvenet, Bou-
logne, Martin, Magnier, Van Clève, les frères Coustou, An-
selme Flamand, Pourterelle, etc., etc., travaillèrent, chacun
selon son art, à l'ornementation de ce magnifique monument
qui surpasse tous les chefs-d'œuvre de l'architecture moderne
par sa grandeur et sa majesté.

En 1714, Louis XIV, pressentant peut-être que sa fin ap-
prochait, voulut se faire rendre un compte exact de tout ce
qui concernait les vétérans de ses armées. Il examina scrupuleusement et dans les plus grands détails ce qui avait
trait à l'administration, à la discipline, à toutes les parties
du service des Invalides et chercha à améliorer leur sort autant que possible. Son testament porte une dernière preuve
de sa sollicitude pour ses chers estropiés et du prix qu'il at-
tachait à cette grande création.

« Entre tous les établissements que nous avons faits dans
« le cours de notre règne (est-il dit dans ce testament), il n'y
« en a point qui soit plus utile à l'État que celui de l'Hôtel
« royal des Invalides; toutes sortes de motifs doivent enga-
« ger le Dauphin et tous les autres rois nos successeurs à
« lui accorder une protection particulière; nous les y exhor-
« tons autant qu'il est en notre pouvoir. »

En 1715, le célèbre sculpteur Girardon avait terminé la
statue équestre de Louis XIV, placée au milieu de la façade
principale de l'Hôtel, au-dessus de la grande porte d'entrée.
L'inauguration de cette statue eut lieu au commencement du

mois d'août de cette année. Une foule nombreuse, composée d'Invalides, de militaires et de beaucoup d'autres personnes assistait à cette cérémonie. Les acclamations unanimes des spectateurs se firent entendre au moment où fut enlevé le voile qui recouvrait la statue.

Au bas était gravée, en lettres d'or, l'inscription suivante qu'on lit encore aujourd'hui :

LUDOVICUS MAGNUS
MILITIBUS REGALI MUNIFICENTIA
IN PERPETUUM PROVIDENS.
HAS ÆDES POSUIT
AN. 1675.

*Louis-le-Grand, dans sa munificence royale*
*et dans sa prévoyance pour le sort de ses vieux soldats,*
*a fondé cet édifice en 1675.*

Cette inscription a subsisté jusqu'en 1792 et a été rétablie en 1814 par le sculpteur Cartelier, chargé de l'exécution de la nouvelle statue équestre du monarque que l'on voit aujourd'hui à la même place.

Le 1er septembre 1715, Louis XIV quitta la vie. Sa mort fut un véritable deuil aux Invalides, où chacun savait tout ce que le roi avait fait pour assurer à ses braves estropiés un sort heureux et tranquille. La ferme volonté et la puissante impulsion du monarque, si bien secondées par Louvois, avaient enfin résolu le difficile problème devant lequel avaient échoué tous ses devanciers.

L'institution vraiment nationale des Invalides avait besoin, sans doute, de subir encore de bien nombreuses et importantes améliorations ; mais elle existait cette fois imposante et pleine de gloire. Dès ce moment, il était facile de prévoir, par l'éclat qu'elle répandait déjà, qu'elle serait désormais impérissable comme la bravoure de l'armée française.

# CHAPITRE II

A l'avènement de Louis XV, l'institution des Invalides jouissait dans le public de la plus grande considération. Chacun appréciait l'importance et la nécessité de cette œuvre philanthropique du grand monarque.

Nous croyons opportun d'exposer ici la manière dont étaient organisés alors les principaux services et de faire connaître le personnel de l'Hôtel.

Le gouverneur, revêtu d'un pouvoir presque absolu sur tous les pensionnaires, était secondé par le lieutenant du roi et suppléé par lui en cas d'absence.

Le major était chargé de surveiller la conduite des Inva-lides. Tout ce qui concernait la police et la discipline rentrait dans ses attributions. Il avait sous ses ordres des aides-ma-jors qui s'assuraient du maintien du bon ordre, assistaient aux repas, etc.; l'emploi de major exigeait de la part de celui qui l'exerçait une grande fermeté et une activité incessante.

Un prévôt assisté de cinq archers pris parmi les soldats les plus valides, tenait lieu de commissaire de police. Il parcourait les réfectoires aux heures des repas, assistait au coucher, s'assurait de la tranquillité des chambres et faisait maintenir l'ordre public, tant à l'intérieur qu'à l'extérieur de l'Hôtel.

L'administrateur général était responsable de tous les intérêts matériels de l'Hôtel; il dépendait à la fois, du ministre de la guerre et du surintendant des finances ; il avait sous sa direction un commissaire chargé spécialement des vivres et de l'économat, ainsi qu'un grand nombre d'employés pour assurer l'exécution des services administratifs. Le garde-meuble et ses aides étaient responsables de la lingerie et de l'habillement. Il faisait distribuer le linge tous les dimanches aux pensionnaires, et tous les jours à l'infirmerie ; la vaisselle et l'argenterie des officiers étaient sous sa garde.

La boulangerie était établie dans l'intérieur de l'Hôtel ; le chef boulanger et ses garçons étaient logés comme les Invalides, mais séparément. L'administration fournissait au chef boulanger le blé nécessaire et, pour chaque setier, il devait livrer deux cent trente livres de pain, dont un huitième en pain blanc pour la table des officiers ou pour les malades, et le reste en pain bis pour les soldats.

La viande était abattue dans un bâtiment voisin de l'Hôtel.

Le vin, qui, en vertu de diverses ordonnances rendues par Louis XIV, entrait en franchise de tous droits, était acheté à des marchands en gros. La direction des caves reposait sur un sommelier en chef qui veillait aux distributions faites aux heures prescrites.

Des cuisiniers en nombre suffisant préparaient les aliments dans des marmites devenues proverbiales par leurs dimensions.

Cent-vingt-six officiers étaient alors à l'Hôtel. Ils mangeaient à des tables de douze couverts, dans le réfectoire qui leur était destiné.

Les Invalides prenaient leurs repas dans de vastes salles, à des tables de quatre à cinq cents couverts. Ils recevaient une livre de viande et un setier de vin par jour, quarante-quatre onces de pain pour deux jours. Ils avaient de la viande bouillie ou rôtie deux fois par jour, excepté les jours maigres. Quatre fois par an, à la Saint-Martin, aux jours des Rois, au Mardi-Gras et à la Saint-Louis ils étaient beaucoup mieux traités. Ces jours portaient le nom de jours de régal.

Cette coutume s'est conservée jusqu'ici sous la même dénomination pour les jours de grande fête.

L'uniforme des Invalides dont nous avons déjà parlé plus
haut avait subi diverses modifications. En 1715, les Invalides
portaient le chapeau noir à larges bords relevés du côté droit,
une casaque en drap bleu de Berry, une culotte grise, une
camisole de peau chamoisée, des bas en laine grise et de gros
souliers. L'habit de l'officier, à partir de 1701, se distinguait
de celui des bas-officiers et des soldats par une tresse d'argent
de trois lignes de largeur sur la taille et à double rang sur
les parements et les poches.

Les officiers étaient logés deux à deux dans une chambre à
deux lits pourvue du mobilier nécessaire. Les soldats cou-
chaient par escouade dans des chambres de dimensions va-
riables.

Pour n'avoir pas à chauffer un si grand nombre de pièces,
des poëles étaient établis dans de vastes chambres servant de
chauffoirs où se réunissaient et où se réunissent encore les
Invalides.

Le conseil dont nous avons fait connaître la composition
exerçait son contrôle sur le personnel, sur les règlements et
sur les diverses parties de l'administration. Ce conseil se
réunissait en assemblées générales ou particulières, selon
l'importance des objets qu'il avait à traiter.

On voit par cet exposé rapide quelles étaient les disposi-
sions principales adoptées à la fin du règne de Louis XIV
pour assurer le bien-être matériel et moral des soldats
invalides.

Malgré ces sages mesures, l'œuvre de Louis XIV était
encore incomplète sous bien des rapports. La misère était
grande à l'Hôtel, disent les mémoires de l'époque, à la mort
du grand roi. Le trésor pouvant à peine suffire aux dépenses
de l'armée active laissait en souffrance les autres services.
Celui des Invalides manquait donc des ressources nécessaires.
De là des plaintes amères qui, contenues tant que Louis XIV

avait vécu, par l'ascendant qu'il savait si bien exercer même dans les dernières années de son règne, éclatèrent peu de temps après sa mort.

On entendit alors des Invalides s'élever hautement contre les fournisseurs qu'ils accusaient de s'enrichir à leurs dépens, tandis que d'autres rendaient responsables de leurs souffrances leurs chefs qui faisaient cependant tous leurs efforts pour y porter remède.

Ces injustes récriminations, souvent répétées, eurent même pour interprètes deux officiers nommés *Desgonnetz* et *Castets*. Ils firent imprimer et distribuer aux Invalides un pamphlet contre l'intendant directeur M. de Versoris qui, en 1709, avait remplacé dans ces fonctions Charpentier d'Andron, successeur de Camus de Beaulieu. M. de Versoris était un homme d'une probité éprouvée que son immense fortune devait, en outre, mettre à l'abri de tout soupçon. Ayant appris qu'il était en butte à d'aussi graves et injustes inculpations, il s'empressa de demander qu'une enquête fût nommée pour examiner sa conduite.

Un conseil de guerre, sous la présidence de M. de Villard, poursuivit aussitôt cette enquête avec la plus grande activité. L'innocence de M. de Versoris fut constatée de la manière la plus évidente, et ses accusateurs furent contraints de lui faire amende honorable. Ils furent, en outre, rayés du registre des pensionnaires et condamnés à une année de prison.

Cette affaire produisit une profonde sensation à l'Hôtel; elle fit cesser momentanément les plaintes; l'administration fut surveillée de plus près, sans que, pour cela, les ressources de l'institution pussent être augmentées.

A la mort de Louis XIV, les portiers des Invalides prirent le deuil, comme ils l'avaient fait à l'époque du décès de la reine Marie-Thérèse en vertu d'une délibération du conseil, à la date du 7 août 1683, portant qu'il serait payé à chacun d'eux *cinq* livres pour avoir des crèpes, des gants noirs et un ruban bleu à mettre sur l'épaule.

Le gouvernement de la régence se montrait d'ailleurs très-favorablement disposé pour les Invalides. Une ordonnance royale du 19 février 1716 vint ouvrir les portes de l'Hôtel aux vétérans de l'artillerie oubliés jusque-là.

Peu de temps après, le conseil d'État rendit divers arrêts dans l'intérêt des vieux soldats de nos armées. L'un de ces décrets, daté du 21 mars 1716, porte exemption de tous droits sur les vins et boissons en faveur de l'Hôtel royal des Invalides.

Un second du 22 août de la même année ordonne que le receveur du grenier à sel de Paris continuera de délivrer à l'Hôtel royal des Invalides la quantité de deux cent quatre-vingts minots de sel et de franc-salé, pour la provision dudit Hôtel.

Un troisième prescrit de poursuivre par toutes les voies de rigueur la rentrée des pensions d'oblats. Il porte la date du 22 novembre 1717. Il commet Me Oudard-François Bridou, conseiller du roi, substitut de M. le procureur général de Sa Majesté en son grand conseil, et avocat au parlement, pour faire toutes les poursuites et diligences nécessaires pour obliger les redevables des pensions d'oblats ou de religieux-lais à satisfaire au paiement des sommes par eux dues, en exécution desdits arrêts. Ce délégué agit avec tant de vigueur, qu'il fit payer, malgré leurs refus réitérés, les maisons religieuses situées dans les pays nouvellement conquis. Ce fut une précieuse ressource qui aplanit pour quelque temps les difficultés de la mission des administrateurs.

L'Hôtel recevait fréquemment les hommages nombreux des visiteurs du plus haut rang, hommages qui attestaient à la fois toute la grandeur et la portée de cette institution. Au nombre des visites les plus remarquables, nous mentionnerons celle de Guillaume d'Orange, stathouder de Hollande devenu roi d'Angleterre en 1688. Ce souverain, l'ennemi et le rival de Louis XIV, s'empressa, une fois monté sur le trône, de suivre l'exemple de son royal adversaire et de doter les vétérans de la marine anglaise d'un Hôtel des Invalides en leur abandonnant le palais de Greenwich. Louis XIV, en assurant le sort de ses braves soldats, eut ainsi l'honneur de faire ouvrir les portes d'un asile semblable à ceux qui avaient combattu vaillamment contre nous.

Un prince moscovite, longtemps ignoré, qui jetait les bases de la grandeur d'une nation nouvelle, Pierre I<sup>er</sup>, venu à Paris en 1717, s'initiait, dans ses étonnants voyages, à la civilisation. Le premier monument que visita dans cette capitale le ondateur de la gloire moscovite fut l'Hôtel des Invalides. Les recueils du temps racontent qu'il s'y rendit plusieurs fois et qu'il parcourut l'Hôtel dans tous les sens, s'informa des moindres détails, voulut tout voir par lui-même et prit des notes sur ce qui le frappait le plus.

Le gouverneur et le lieutenant du roi, qui l'avaient reçu avec les honneurs dus à son rang, l'accompagnèrent dans les chambres, les cuisines et les réfectoires. C'était l'heure du repas des soldats. Pierre I<sup>er</sup>, en causant familièrement avec eux de leurs campagnes, prit sur une table un des vases d'étain, dans lesquels buvaient les Invalides, et le vida d'un trait en portant leur santé.

Cette sorte de fraternité militaire le fit très-bien venir des vieux soldats qu'il visita de nouveau et qui lui témoignèrent leur chaleureuse sympathie.

Cette visite de Pierre I<sup>er</sup> fut un véritable évènement à Paris et à Versailles. Elle contribua puissamment à attirer à l'Hôtel un grand nombre de curieux du rang le plus élevé. Le résultat utile qu'elle devait amener ne se manifesta que plus tard sous le règne de Catherine qui fonda les Invalides de la Newa.

L'année suivante, le régent prévint le gouverneur que le jeune roi, pour faire connaissance avec les vaillants soldats de Louis XIV, irait le dimanche de l'octave de la Fête-Dieu, entendre le salut dans l'église du Dôme.

Le procès-verbal officiel de cette visite s'exprime ainsi :

Le 19 juin 1718, le dimanche dans l'octave de la Fête-Dieu, le roi alla au salut aux Invalides et l'on envoya, pour garnir l'église, quatre brigadiers et vingt-quatre gardes qui furent distribués comme il suit :

Un brigadier et six gardes français restèrent pour les carrosses.

Un autre brigadier français fut posté à la porte de l'église avec deux gardes, et eut attention que le passage du roi ne fût embarrassé ni à la porte, ni dans l'église.

Un brigadier écossais fut mis dans le dedans de la balustrade avec un garde qui eut soin, après que le roi fut passé, de ne laisser entrer que des personnes connues, point d'Invalides ni de livrée dans le sanctuaire : on posta aussi un garde à la porte de la sacristie.

Deux gardes furent postés, un de chaque côté, vis-à-vis et en deçà de l'autel à deux portes grillées, par l'une desquelles Sa Majesté entra dans le dôme et après que les prêtres furent passés, les deux gardes, l'un à droite, l'autre à gauche, empêchèrent que personne ne passât par cette même porte-là. On plaça quatre gardes, deux de chaque côté, à quatre piliers différents.

Le quatrième brigadier fut posé avec deux gardes à la porte de l'église, du côté de la plaine de Grenelle.

A la sortie de l'église, le roi étant monté dans les galeries de l'Hôtel, un brigadier et six gardes l'accompagnèrent sans leurs armes.

Sitôt que le roi fut sorti, les quatre brigadiers et les vingt-quatre gardes revinrent au Louvre dans le même ordre qu'ils étaient partis.

De pareilles mesures prises par la police du château, si éloignées de la haute confiance que Louis XIV témoignait à ses Invalides en ne se faisant escorter que par eux quand il visitait l'Hôtel, produisirent un grand mécontentement parmi les vieux soldats. Leur irritation était telle qu'on entendait ouvertement les plaintes qu'ils exhalaient en disant qu'on avait violé un des priviléges auxquels ils attachaient le plus de prix, qu'il fallait qu'on demandât pour eux réparation de l'insulte qu'ils avaient subie en se voyant repoussés par les gardes du corps au moment où ils se présentaient aux portes de l'église.

Cette effervescence fut telle que le gouverneur crut devoir en référer au régent, qui ordonna qu'une gratification fût accordée aux sergents, caporaux, anspessades et soldats des compagnies. En outre, la promesse formelle fut faite qu'à l'avenir le roi se ferait garder par les Invalides quand il viendrait à l'Hôtel. Grâce à ces mesures, l'ordre et le calme furent rétablis parmi les pensionnaires.

Le gouvernement de la régence, toujours disposé d'ailleurs à accueillir les projets d'amélioration qui lui étaient présentés en faveur des Invalides, décida, en 1719, que les sergents des gardes françaises seraient reçus à l'Hôtel comme lieutenants.

Au mois de juin de la même année parut un règlement sur les punitions à infliger aux officiers qui se seraient mal conduits.

Le 26 mars 1720, l'Hôtel fut doté de la magnifique esplanade qui complète si bien la grandeur et la beauté de ce monument. — Voici un extrait de l'arrêt du conseil portant cette décision :

Le roi s'étant fait présenter, en son conseil d'Etat, le plan général du nouveau quartier de Saint-Germain-des-Prés et des environs de son Hôtel royal des Invalides, que Sa Majesté en a fait lever par le sieur de Cotte, son premier architecte, par lequel Sa Majesté a reconnu que les allées d'arbres du nouveau cours, qui doivent former la nouvelle enceinte de sa bonne ville de Paris, seront un des principaux ornements à l'Hôtel royal des Invalides, et accompagnement des anciennes allées et contre-allées de l'avenue d'icelui, du côté de la ville jusqu'à la rivière, et que, par symétrie, il doit être planté, du côté de la campagne, pareille avenue d'arbres aussi jusqu'à la rivière et à même distance du point milieu du portail ; et qu'il est important qu'il ne soit construit aucun édifice des deux côtés dans l'espace d'entre les arbres extérieurs des avenues dudit Hôtel, et même qu'à douze pieds de distance du dernier rang d'arbres au-delà du côté de la campagne, pour ne point offusquer les plants d'arbres, à quoi voulant pourvoir. Vu ledit plan général signé du sieur de Cotte ; ouï le rapport et tout considéré ; *Sa Majesté étant en conseil,* de l'avis de M. le duc d'Orléans, régent, a ordonné et ordonne : que les allées du nouveau rempart, et celles figurées par symétrie pour l'accompagnement du dehors de l'Hôtel royal des Invalides, seront exécutées suivant le plan général attaché à la minute du présent arrêt, etc., etc.

Pendant l'exécution de cet arrêt, la guerre d'Espagne, commencée en 1718, se terminait en 1720 par la prise d'Urgel, place forte que venait d'emporter le maréchal de Berwick.

Cette campagne n'avait amené qu'un petit nombre de soldats mutilés à l'Hôtel où, pendant les treize années de paix dont jouit ensuite la France, on vit diminuer les charges énormes forcément imposées jusque-là au Trésor.

Dans cet intervalle de calme mourut le gouverneur, M. de Boyveau. Il fut remplacé le 11 février 1728 par Eugène de Beaujeu, déjà lieutenant du roi à l'Hôtel.

Sur sa proposition, plusieurs articles du règlement de 1710 furent changés d'une manière avantageuse pour les Invalides. Le cercle des admissions fut élargi dans les conditions fixées par l'article VIII d'une nouvelle ordonnance, article ainsi conçu :

« Sa Majesté, voulant récompenser la persévérance de ceux qui continueront leur service dans la même compagnie, a jugé à propos de déroger, en leur faveur seulement, à ce qui est porté par le règlement du 3 janvier 1610, qui défend de recevoir à l'Hôtel royal des Invalides aucun sergent, brigadier, cavalier, dragon ou soldat, qu'il n'ait au moins vingt années de service actuel, consécutif et sans interruption, ou qu'il n'ait été estropié au service ; son intention étant, pour l'avenir, que tous ceux qui auront renouvelé deux fois leur premier engagement de six ans chacun dans la même compagnie soient reçus à l'Hôtel, en cas que, dans les six dernières années de leur service, il leur survienne des infirmités qui les mettent hors d'état de le continuer. »

C'est vers cette époque, le 16 octobre 1728, que Granet, premier auteur d'une histoire sur les Invalides, ouvrage aussi curieux qu'intéressant, fut chargé, par arrêt du conseil du roi, de l'exécution formelle des précédents édits, déclarations et arrêts rendus au sujet des pensions des oblats. Maître Granet était nommé au lieu et place de maître Bridou.

Eugène de Beaujeu ne conserva pas longtemps l'important commandement qui lui avait été confié. Il mourut en 1730 et eut pour successeur, le 29 mai de cette année, le chevalier de Ganges, qui exerça huit ans les fonctions de gouverneur.

C'est sur sa proposition que fut rendue une ordonnance royale, à la date du 3 décembre 1730, qui constituait trois classes parmi les militaires invalides, afin, dit l'ordonnance, d'établir à l'Hôtel l'uniformité et, en même temps, de procurer aux maréchaux-des-logis de la cavalerie et des dragons et aux sergents de l'infanterie quelques distinctions qui répondent à l'ancienneté de leurs services. On est étonné, quand on lit dans son entier le texte de cette ordonnance, de voir l'artillerie figurer à la troisième classe et rester en quelque sorte dans un état d'infériorité à une époque où ce corps avait rendu déjà de grands services et occupait l'un des premiers rangs dans l'armée.

Le chevalier de Ganges passa, le 30 décembre 1730, avec les prêtres de la congrégation de Saint-Lazare, un nouveau traité en vertu duquel la somme payée pour le service religieux de l'Hôtel s'éleva à 9,000 francs.

Le ministre de la guerre de cette époque, M. Dangervilliers, fit adopter par le roi, le 1er juin 1731, la création d'une école de trompettes dans l'intérieur de l'Hôtel. Cette ordonnance porte qu'un maître de trompette et un aide seront chargés d'instruire les cavaliers qui y seront envoyés, lesquels ne pourront excéder le nombre de vingt à la fois. Ces élèves ne devaient pas avoir dépassé dix-huit ans. Ils étaient choisis dans les vingt régiments de la cavalerie de la tête, et ensuite dans les autres régiments, quand il s'agissait de remplacer les premiers élèves sortants.

Sur les plaintes réitérées des compagnies d'invalides détachées qui se disaient livrées à la merci de leurs officiers, sans aucun contrôle, le pouvoir du gouverneur fut étendu sur ces compagnies. Il devait les faire inspecter tous les six mois et s'éclairer au moyen des rapports remis au conseil, à la suite de ces inspections, afin de remédier en toute connaissance de cause aux abus qui auraient été signalés.

Cependant la paix venait d'être rompue. Louis XV, uni à l'Espagne et à la Savoie, déclarait la guerre à l'empereur

Charles VI. Villars, quoique âgé de quatre-vingt-un ans, était chargé du commandement de l'armée d'Italie, Berwick de celui de l'armée d'Allemagne. Cette campagne, vigoureusement conduite, se termina par le traité de Vienne; mais la mort de l'empereur Charles VI motiva bientôt la terrible guerre de la succession d'Autriche qui coûta tant de sang et d'argent à la France.  ·

La reprise des hostilités amena de nouveaux pensionnaires à l'Hôtel. Vers 1740, le nombre des Invalides provenant des guerres était tel que le gouverneur, M. de Saint-André, maréchal de camp des armées, qui, le 11 janvier 1738, avait remplacé M. de Ganges, ne savait plus comment faire face aux pressants besoins de ses vieux soldats.

Le ministre de la guerre, Letonnelier de Breteuil, effrayé de cet état de choses, projeta, dit-on, pour y remédier, de décentraliser complétement les Invalides et de les disperser dans les différentes places de guerre, où leur entretien, disait-il, devait être moins onéreux; mais ce projet, qui aurait amené la ruine de cette institution, ne fut heureusement pas mis à exécution. Il aurait d'ailleurs rencontré auprès du conseil d'État et du roi une opposition devant laquelle il aurait été certainement brisé, car Louis XV, comme son aïeul, aimait les Invalides et voulait assurer la durée de cette noble création de son prédécesseur.

Pour se procurer des ressources dont l'urgence n'était que trop constatée, un arrêt du conseil d'État et des lettres patentes du roi, à la date du 7 mai 1742, prescrivirent de nouveau que *toutes poursuites et diligences nécessaires seraient faites contre les redevables des pensions d'oblats ou religieux-lais.*

Des arrêts, émanés de la même source, ordonnèrent, le 23 août de la même année, que les receveurs diocésains des décimes seraient tenus de poursuivre régulièrement le recouvrement des pensions d'oblats sur les bénéficiers, etc.

M. de Saint-André venait de mourir à l'âge de soixante

et onze ans, le 1er octobre 1742, et d'être remplacé par le lieutenant du roi, M. de la Courneufve.

Ce nouveau gouverneur reçut, en 1743, la visite du Dauphin, père de Louis XVI. Le prince, dit l'abbé Pérau, se rendit à l'Hôtel le 31 juillet de cette année.

« Il paraît d'abord que l'on avait oublié les priviléges de la
maison. La police royale avait fait, dès le matin, placer des
Suisses du régiment des gardes près l'Hôtel, dans une petite
rue appelée alors ruelle de Sainte-Valère ; mais, sur les re-
présentations qui lui furent faites par le gouverneur, cette
garde fut contremandée et elle décampa à une heure et demie. Le prince arriva à quatre heures et demie par l'avenue
qui est en face du grand portail du dôme. Deux cents hommes rangés sur deux lignes bordaient l'extérieur du fossé de
la cour du dôme. La compagnie de fusiliers de l'Hôtel formait
la haie. Le Dauphin fut reçu par l'état-major, et, précédé du
prévôt des Invalides, sans garde et accompagné d'un détachement des vieux militaires, il visita toute la maison dans
le plus grand détail. »

Le ministère de la guerre était alors confié aux mains de
Voyer-d'Argenson. Ce nouveau ministre, loin de suivre les
projets de son prédécesseur et de vouloir décentraliser les
Invalides, ne s'attacha qu'à améliorer leur sort.

La situation des officiers attira en premier lieu son attention. Confondus sans distinction jusque-là avec les soldats,
ces chefs perdaient sur eux toute leur influence par cette ca-
maraderie forcée. La discipline militaire et le bon ordre s'en
ressentaient profondément, Le ministre, voyant combien cette
situation était fâcheuse, fit comprendre au roi la nécessité
d'y remédier. Il lui fit voir que s'il y avait si peu d'officiers
qui demandaient à entrer à l'Hôtel, comparativement au nombre considérable de ceux qui avaient été blessés dans les
guerres, cela tenait à ce qu'ils aimaient mieux vivre misé-
rablement chez eux que de perdre aux Invalides la dignité
de leur grade par cette communauté d'existence avec les

soldats qu'ils avaient autrefois commandés. Le roi se rendit à ces justes observations et, peu de jours après, en 1748, le conseil d'État décida la construction immédiate de bâtiments neufs destinés au logement des officiers. Ces travaux furent conduits avec tant d'activité qu'en moins de deux ans on put loger à part les capitaines et les lieutenants.

Le comte d'Argenson s'occupa beaucoup aussi des compagnies détachées. En 1749, l'une d'elles, composée de bas officiers invalides, dit l'ordonnance royale du 31 décembre, fut destinée à servir à la garde du château de la Bastille, en remplacement de la compagnie franche qui y était employée. La compagnie qui recevait cette destination se composait d'un capitaine en premier, un capitaine en second, trois lieutenants, quatre sergents, quatre caporaux, quatre anspessades, soixante-huit fusiliers et deux tambours.

Le ministre de la guerre, tout en veillant aux intérêts les plus importants des pensionnaires de l'Hôtel, ne négligeait pas, non plus, les moindres détails. C'est ainsi qu'il faisait placer dans le cabinet des archives divers monuments de nos victoires, tels que : un drapeau, deux étendards et une trompette pris le 24 février 1525 à la bataille de Pavie, et des drapeaux pris à Bruxelles par le maréchal de Saxe, en 1746. Ce fut ce ministre qui inspira aussi à Louis XV la pensée de former une école militaire pour l'éducation de la jeune noblesse. Ce projet, approuvé par le roi, fut étudié sans retard. Des architectes furent chargés de dresser les plans et de choisir un emplacement convenable ; mais l'exécution dut être ajournée sans doute en raison des hostilités qui recommencèrent sur plusieurs points.

Après les succès obtenus sur les Anglais par le maréchal d'Estrée et le duc de Richelieu, nous cûmes à supporter la malheureuse bataille de Rosbach et de cruels revers sur terre et sur mer. A la suite de ces douloureux événements, le gouverneur des Invalides fut assailli des demandes en grand nombre des soldats estropiés qui invoquaient avec justice leurs titres trop réels à être admis à l'Hôtel. Le chiffre des soldats vieux et blessés, admis comme pensionnaires de l'Etat, s'éleva alors jusqu'au chiffre de trente mille.

Le gouverneur de la Courneufve avait constamment fait ses efforts pour faire face aux charges énormes qui pesaient de plus en plus sur l'Hôtel. Il était mort en 1755 et avait été remplacé par le comte de la Serre, maréchal de camp qui comptait les plus beaux services et qui s'était fait remarquer par son courage à la bataille de Denain, à la prise de Milan et à Fontenoy, où le maréchal de Saxe l'avait embrassé en lui donnant la croix de commandeur de Saint-Louis. Sa nomination fut accueillie avec bonheur par les Invalides dont beaucoup d'entre eux l'avaient vu sur les champs de bataille déployer la plus brillante valeur.

Ces nouvelles fonctions auxquelles il se consacra avec bonheur ne l'empêchèrent pas d'exercer la charge d'inspecteur de cavalerie en 1757 et de remplacer, comme inspecteur général de l'infanterie, le général de Contades au moment où il fut promu à la dignité de maréchal de France.

Un de ses premiers soins fut de faire cesser les graves désordres qui se commettaient dans les alentours de l'Hôtel. Il prescrivit à cet effet la stricte exécution des règlements, mais les Invalides n'en continuaient pas moins à fréquenter les cabarets et les mauvais lieux du voisinage. Le gouverneur, pour agir efficacement contre ces habitudes déplorables, sources de nombreuses querelles, fit construire, avec l'autorisation du ministre, un corps de garde extérieur qui permettait d'exercer une active surveillance. On parvint ainsi à rétablir l'ordre.

En même temps, le comte de la Serre obtint de rendre un peu moins difficiles les conditions de l'admission. Il mit à exécution la décision en vertu de laquelle tout militaire dans le cours de son troisième engagement de 6 ans, pouvait être admis à l'Hôtel pourvu qu'il fût constaté que ses blessures ou ses infirmités le mettaient hors d'état de subvenir à sa subsistance. Il fallait bien, en effet, secourir les braves soldats qui avaient tant de fois exposé leur vie sur les champs de bataille. C'était, en outre, le meilleur moyen d'empêcher les désertions qui ne se renouvelaient que trop souvent.

Vers la même époque la solde des officiers invalides fut augmentée. Chaque lieutenant-colonel reçut 30 francs par mois, les capitaines 12 francs et les lieutenants 3 francs.

M. de la Serre forma, pour la garde de l'Arsenal, une nouvelle compagnie de bas-officiers qu'il fit venir de l'île Sainte-Marguerite où elle était décimée par la misère et par l'ennui résultant du manque d'occupation.

Le maréchal de Belle-Isle dirigeait, depuis 1758, le ministère de la guerre. Il était animé des intentions les plus bienveillantes pour l'institution des Invalides ; mais, voyant qu'il ne pouvait s'en occuper autant qu'il l'aurait voulu, il délégua, comme directeur spécial chargé des affaires qui regardaient l'Hôtel, le lieutenant-général de Crémille, grand'croix de Saint-Louis.

Ce nouvel administrateur déploya une très-grande activité pour faire rentrer sur tous les points du territoire les pensions des oblats dont on avait tant de peine à obtenir le paiement. Joseph Granet, avocat au parlement, qui avait été chargé de ce soin, comme nous l'avons dit plus haut, s'acquitta de cette difficile mission avec tant de zèle qu'il triompha de l'obstination des abbayes qui se refusaient jusque-là à cet impôt, et qu'il l'obtint même de l'abbaye de Saint-Denis qui s'en prétendait exempte en vertu de sa prérogative royale. Le clergé de ces couvents murmura beaucoup, menaça de l'excommunication l'exécuteur de ces ordres, mais finit par s'y soumettre.

L'heureuse rentrée de ces fonds permit d'aplanir, pour quelque temps, les obstacles que rencontraient les administrateurs ; toutefois si les plaintes des Invalides n'étaient plus aussi vives, quant à la manière dont ils étaient traités à l'Hôtel, elles redoublaient au sujet des diverses classes ou catégories de pensionnaires qui établissaient, en faveur de certaines d'entre elles, des avantages refusés aux autres.

Le ministre de la guerre crut faire cesser ces griefs en créant une quatrième classe d'Invalides qui prit rang entre la deuxième et la troisième. Elle était composée des maréchaux des logis fourriers, des compagnies de cavalerie et de dragons. Les Invalides de cette nouvelle classe portaient le même habit, mais ne mangeaient pas à la même table que ceux de la seconde classe et ne recevaient que 30 sous par mois au lieu de 3 francs.

Ce remède, comme on aurait pu le prévoir, manqua complètement son but et les Invalides continuèrent à s'élever contre les priviléges dont jouissaient plusieurs d'entre eux.

Parmi les autres mesures qu'adopta le maréchal de Belle-Isle, nous citerons la création des compagnies d'Invalides artilleurs destinés à garder les côtes et l'autorisation qui fut donnée, en 1760, au Conseil de contracter un emprunt de 400,000 livres à rentes viagères. Les finances de l'Hôtel, déjà si obérées, se trouvèrent ainsi grevées d'une rente de 400,000 livres. La nécessité de payer de fortes sommes dues à la manufacture de draps de Paris et d'acquitter d'autres dettes contractées envers plusieurs fournisseurs avait forcé de recourir à ce moyen extrême.

Le 25 août 1760, un arrêt du conseil du roi prescrivit, pour les besoins de l'École royale militaire nouvellement établie, une retenue de 2 pour 100 sur le montant des dépenses des marchés concernant la subsistance, l'entretien et le service, tant des troupes du roi que des places. C'était prélever d'une manière détournée une partie des deniers des Invalides qui murmurèrent contre cette nouvelle mesure et qui s'y soumirent, cependant, grâce à la fermeté du gouverneur.

Nous arrivons au ministère du duc de Choiseul qui, en 1761, succéda au maréchal de Belle-Isle. Il trouva l'Hôtel dans une déplorable situation; les fonds des oblats venaient d'être engagés, et l'on ne pouvait plus faire face aux dépenses.

Le ministre, vivement préoccupé de cet état de choses, s'efforça d'y porter remède. il reconnut les abus existants et voulut les faire cesser, mais n'ayant pas de plan bien arrêté il prit des mesures sur lesquelles il sentit plus tard la nécessité de revenir et qui, comme nous allons le voir, compromirent la situation de l'Hôtel, sans améliorer celle de ses pensionnaires.

Depuis quelques années l'institution était sourdement attaquée par des novateurs qui se disaient certains de remédier aux embarras existants.

Dès 1753, dit l'abbé Maury dont le talent vint défendre si énergiquement les Invalides à la tribune de l'assemblée nationale, un homme plus distingué par ses qualités militaires que par son talent pour l'administration ; un homme né avec plus d'inquiétude dans le caractère que d'étendue, et surtout que de mesure dans le génie ; un homme pour qui le changement était un besoin, qui ne réfléchissait jamais qu'après avoir agi, qui prenait souvent son esprit pour sa raison, qui confondait ainsi les conjectures de son imagination avec les calculs de l'économie politique, un militaire qui ne savait que détruire et que l'on crut longtemps un homme à moyens, parce qu'il était un homme à projets ; M. de Saint-Germain, enfin, avait adressé à M. Pâris Duverney, une lettre qu'il publia contre l'établissement des Invalides.

Il proposait de substituer trente-six hospices militaires à cet asile des guerriers français. M. de Saint-Germain promettait une forte réduction de dépenses sur les frais de cette institution ; mais il avait si mal évalué ses économies, qu'il fut évidemment prouvé par la discussion de son projet que ces trente-six hospices seraient beaucoup plus dispendieux, et cependant moins profitables que l'Hôtel des Invalides.

Sans doute M. de Choiseul eut connaissance de ces projets qui influèrent en partie sur sa conduite, sans qu'il s'engageât cependant d'une manière complète dans cette voie.

Il s'occupa d'abord des compagnies détachées dont il augmenta beaucoup le chiffre. Tout en se déchargeant ainsi d'un grand nombre de ses pensionnaires, M. de Choiseul, peu conséquent dans ses réformes, agrandit le cercle des admissions. En effet, l'article 8 de l'ordonnance de 1762, rendue sur sa demande, porte que : « ceux qui, ayant renouvelé volontairement un troisième engagement, auront servi vingt-quatre ans, auront le choix, ou d'être reçus à l'Hôtel royal des Invalides, ou de se retirer chez eux et non ailleurs, avec leur solde entière, et Sa Majesté leur fera délivrer tous les six ans un habit de l'uniforme du régiment dans lequel ils auront servi. »

On retrouve dans plusieurs des mesures prises par ce ministre, certaines tendances au système de M. de Saint-Germain, sans le projet toutefois de disséminer dans les hospices les pensionnaires de l'Hôtel.

Une ordonnance du roi réglant l'établissement des recrues des troupes françaises parut deux années plus tard. L'article 87 de cette ordonnance admet complètement le principe d'option entre les Invalides et la pension de congé consistant en solde entière et habit d'uniforme tous les six ans.

Ce principe d'option dénote une tendance d'éloigner l'armée de l'Hôtel. En outre, les Invalides retirés chez eux étaient exempts de toute corvée et de tout logement des gens de guerre, ce qui rendait encore leur condition meilleure. Il est vrai que la même ordonnance établissait que tout soldat estropié au service, quels que fussent d'abord son âge et son grade, y était admis, ce qui sauvegardait toujours l'institution.

Il faut avouer que la situation des Invalides à l'Hôtel était vraiment critique. L'ordonnance du 20 février 1764 le donne clairement à entendre. Le roi y déclare qu'il a été forcé d'admettre à l'Hôtel, par suite des différentes guerres, un nombre considérable de militaires. Leur nombre actuel est de trente mille, mais la plupart, grâce aux bons soins que l'on a pris d'eux, sont rétablis et demandent à se retirer dans leur pays.

L'intention bien positive du duc de Choiseul étant absolument, comme il l'écrivait lui-même au gouverneur, que l'Hôtel soit réservé uniquement pour les vieillards infirmes ou estropiés, tous les autres militaires laissant encore l'espoir de pouvoir servir, devront être dirigés sur les compagnies détachées, comme soldats sur les incomplètes, comme surnuméraires sur les compagnies complètes des frontières.

Pour rendre les pensionnaires plus disposés à quitter l'Hôtel, on leur retira à tous, sans exception, la faculté jusque-là tolérée de loger ou de ne pas loger à l'Hôtel. Ils durent y coucher à l'avenir, sous peine de ne recevoir aucun aliment.

On organisa aussi plus militairement les pensionnaires. On astreignit les officiers à être exacts aux heures des repas. Quant aux soldats, il fut établi des compteurs chargés de vérifier le nombre d'hommes présents au moment où l'on servait les tables, et d'enlever les portions des absents. Il fut aussi expressément défendu aux Invalides d'emporter du réfectoire leurs viandes et leur vin.

Tòutes ces mesures exaspérèrent au plus haut point les pensionnaires. Le ministre de la guerre, dans le but peut-être de calmer ces plaintes, prit une décision favorable à leurs intérêts. Il accorda à la dernière classe des Invalides, qui ne touchait rien jusque-là, une solde de poche de 15 sols par mois, pour les soldats, 1 livre pour les officiers.

Le duc de Choiseul modifia aussi le service de l'habillement, qui, depuis 1701, était confié à un entrepreneur.

En vertu d'une ordonnance du 28 janvier 1767, le roi se réserva d'habiller les compagnies détachées et les pensionnaires estropiés, infirmes ou caducs.

Un règlement spécial, annexé à l'ordonnance, fixait ainsi l'uniforme :

« Pour les officiers : habit, veste, culotte de drap de Châteàuroux, bleu de roi, quatre quarts entre les deux lisières ; parements de drap écarlate, doublure de refoulé rouge garance pour habit, et blanc écru pour la veste, quatre plis de chaque côté ; vingt-huit boutonnières d'argent cordonnet, dix-huit à la veste ; boutons argentés sur bois, aux armes du roi, surmontés de la couronne royale ; culotte doublée de toile garance, boutons, poches et boursons.

« Deux chapeaux unis, deux paires de bas de laine gris de fer, ou gris ou drapés, neuf paires de souliers, six remontures.

« Pour les bas-officiers et les soldats : habit, veste, culotte, savoir : l'habit, de drap de Romorantin et de Seignelai, bleu de roi, quatre quarts, doublé de refoulé garance, parements de drap rouge garance ; l'habit mi-croisé par derrière, une pièce d'épaule ; la veste et la culotte en tricot, aussi bleu de roi ; la veste doublée de refoulé blanc écru ; la culotte doublée de toile, garnie de ses poches et boutons, savoir : pour les bas-officiers, de métal blanc sur bois, empreint des armes du roi, et pour les soldats, d'étain.

« Deux chapeaux, deux paires de bas de laine, gris-blancs, tricotés, drapés ou non drapés, six paires de souliers, six remontures, une doublure de culotte.

« En congé, l'habillement sera le même. »

L'année 1766 vit mourir le comte de la Serre, qui fut remplacé dans le gouvernement des Invalides par le baron d'Espagnac, lieutenant du roi.

Le baron d'Espagnac était aussi un soldat de Fontenoy, un compagnon du maréchal de Saxe. Sous son administration, une ordonnance royale admit indistinctement, comme les catholiques, les soldats protestants, qui jusqu'alors étaient exclus de l'Hôtel. Cet acte de réparation et de justice, adopté par M. de Choiseul, fut hautement approuvé par l'opinion publique.

Le ministre de la guerre, toujours préoccupé d'améliorer l'état des finances de l'Hôtel, proposa au roi de faire porter sur l'extraordinaire des guerres, à partir du 1er janvier 1767, diverses parties des dépenses relatives aux Invalides. Louis XV approuva cette proposition. Il prescrivit en même temps de poursuivre rigoureusement la rentrée des fonds des oblats, toujours payés irrégulièrement malgré les efforts réitérés des personnes chargées de leur recouvrement. On obtint ainsi, à la fin de 1768, une somme s'élevant à 160,000 livres. Ces ressources, jointes aux économies réalisées dans l'Hôtel par la suppression de divers abus, y ramenèrent un peu de bien-être et d'abondance.

Sous le nouveau gouverneur, l'Hôtel reçut plusieurs visites royales.

Le 2 décembre 1768, le roi de Danemark, Christian VII, voulut voir de près les vétérans de nos armées. Il arriva, accompagné du fameux Struensée, son médecin, et d'une députation de l'Académie, qui voulut ainsi rendre honneur à ce savant monarque.

En 1771, le prince héréditaire de Suède, qui, par la mort de son père, allait être appelé au trône sous le nom de Gustave III, vint aussi, avec son frère, visiter l'Hôtel. C'est à cette époque que l'on doit faire remonter son dessein d'assurer, dans son royaume, un lieu de retraite pour les vétérans de ses armées.

M. de Monteynard reçut bientôt le portefeuille de la guerre des mains du duc de Choiseul. Ce dernier, auquel on avait vivement reproché son ordonnance d'option entre l'Hôtel et la pension, ainsi que l'augmentation énorme du nombre des compagnies détachées, avait apporté dans les règlements d'importantes améliorations, et était parvenu, grâce à sa persévérante énergie, à réparer la situation financière si précaire dans laquelle se trouvait jusqu'alors l'institution. S'il prit des mesures rigoureuses et exceptionnelles, on doit comprendre les motifs qui le guidèrent quand on pense qu'il avait eu sur les bras, pendant quelque temps, jusqu'à trente mille Invalides. Il laissait à son successeur l'Hôtel dans une situation prospère inconnue jusque là.

M. de Monteynard, administrateur peu capable, ne fit à peu près rien pour les pensionnaires. C'est à lui, cependant, que l'on doit la nomination, comme apothicaire-major de l'Hôtel, de Parmentier, ce bienfaiteur de l'humanité, qui n'était jusque là que simple apothicaire gagnant maîtrise. Ce fut aussi lui qui fit décider que les archives de l'Ordre de Saint-Louis seraient déposées dans la salle du Conseil, et qui fit placer dans les réfectoires des tables de marbre pour les soldats.

Sous ce ministre et ses successeurs, jusqu'à l'arrivée aux affaires du comte de Saint-Germain, le marquis d'Espagnac, secondé par M. de La Ponce, directeur, s'occupa réellement seul des affaires de l'Hôtel.

Pendant la dernière période du siècle de Louis XV, qui vieillissait au sein des plaisirs, on voit avec douleur décroître la gloire de la France. Les Anglais promènent en triomphe leurs pavillons sur les mers. C'est à peine si le brillant succès du prince de Condé, au combat de Johannisberg, permet de terminer la guerre sans trop de honte, par le traité de Paris, en 1763.

Lorsqu'on apprit, à l'Hôtel, la mort du roi, le 6 mai 1774, les portiers prirent le deuil officiel ; mais les Invalides virent froidement passer le cortége funèbre du monarque.

A l'avénement de Louis XVI, l'institution des Invalides était encore dans une situation assez prospère, bien que, pendant les trois années qui s'écoulèrent entre la disgrâce de M. de Choiseul et la mort de Louis XV, le nombre des Invalides eût été augmenté dans de trop fortes proportions par l'élargissement qui avait eu lieu dans le cercle de l'admission.

A la tête de l'Hôtel était le baron d'Espagnac quand le comte de Saint-Germain fut nommé ministre de la guerre. Le roi Louis XVI lui laissant plein pouvoir sur les Invalides, le nouveau ministre put mettre immédiatement à exécution les projets de réforme qu'il avait élaborés depuis longtemps.

Certain d'être soutenu dans l'Hôtel par M. de La Ponce, qui s'était toujours montré partisan de la décentralisation, il fit approuver par le roi, le 17 juin 1776, une ordonnance portant suppression et rétablissement de l'administration de l'Hôtel.

Les principaux articles de cette ordonnance portaient que : « désormais, l'Hôtel ne pourrait entretenir que 950 soldats, 212 bas officiers, 60 maréchaux-des-logis, 200 lieutenants, 60 capitaines, 12 commandants de bataillon ou majors, et 6 lieutenants-colonels ; que cent places seraient réservées, chaque année, à des officiers, bas officiers et soldats, dont l'admission ne pourrait être différée, en raison du genre de leurs infirmités ou de leurs blessures ; qu'un triage serait fait parmi les habitants de l'Hôtel qui ne serait plus occupé que par les estropiés, infirmes, caducs, tels que moines-lais ou manicros ; que ceux qui n'étaient pas incapables d'un service actif seraient dirigés sur les compagnies détachées, dont le nombre, réduit à quatre-vingt-un par le duc de Choiseul, s'élevait, en ce moment, à cent-soixante-quinze détachements. »

Il était dit, en même temps, que les blessés et les infirmes qui ne pourraient pas être admis à l'Hôtel, devraient être placés provisoirement dans des hospices militaires.

Pour diminuer l'impression fâcheuse que devait nécessairement produire cette ordonnance, le comte de Saint-Germain supprima des abus qui existaient depuis longtemps ; il améliora l'uniforme, le rendit plus commode et moins dispendieux ; il régla les traitements des officiers du grand et du petit état-major et des employés de l'Hôtel ; fit mettre au concours les places de chirurgien et de pharmacien de l'Hôtel ; fit supprimer les médecines dites de précaution que se faisaient administrer bon nombre d'Invalides, qui, à l'aide de ce subterfuge, se faisaient passer pour malades afin de recevoir des sœurs de l'infirmerie des bouillons, des sucreries ou friandises. Il établit en même temps un règlement sévère sur les infirmeries.

Le baron d'Espagnac, voyant, dans la réalisation de l'ordonnance du 17 juin 1776, le démembrement et peut-être même l'anéantissement de l'institution, chercha à en éluder l'exécution ; mais le ministre, instruit des sentiments du gouverneur, lui prescrivit formellement de diminuer la population de l'Hôtel dont les dépenses excédaient de beaucoup les recettes.

Le gouverneur, attéré de cet ordre péremptoire, se vit forcé, bien à regret, de le faire connaître aux Invalides. On se ferait difficilement idée de l'effet que cette nouvelle produisit parmi eux. Les plus irrités criaient à la trahison, et ne parlaient de rien moins que de repousser l'oppression par la force ; d'autres voulaient envoyer au roi une députation, pour lui demander en grâce de revenir sur sa décision. Tous ne voyaient que la misère en perspective en quittant l'Hôtel. M. d'Espagnac, témoin de ces scènes déchirantes, fut profondément ému. Il assura ses pensionnaires que cette ordonnance ne serait jamais exécutée dans toute sa rigueur, et que ceux qui n'avaient aucune infirmité quitteraient seuls l'Hôtel. Le gouverneur, dont on connaissait le zèle ardent et la bienveillante sollicitude pour ses vieux soldats, parvint ainsi, par son influence, à maintenir l'ordre.

Mais le ministre, pour arriver plus sûrement à son but, fit venir M. de La Ponce, qui, comme nous l'avons dit, partageait les mêmes idées que lui, et le chargea spécialement de faire exécuter, sous quatre jours, l'ordonnance du roi. M. de La Ponce accepta avec empressement cette mission. Il divisa les exclus en quatre catégories dont les deux premières devaient quitter l'Hôtel le 29 juin, la troisième le 30 du même mois, et la quatrième le 1er juillet.

Cette nouvelle courut aussitôt dans l'Hôtel ; elle se répandit promptement au dehors et produisit partout une vive émotion. L'ordonnance fut sévèrement commentée dans les groupes où le nom de Louis XV commença, dès ce moment, à devenir impopulaire.

Une foule nombreuse s'était réunie le 29 juin au matin devant la grande porte d'entrée, prête à témoigner son intérêt et sa pitié aux vieux soldats exclus de l'asile que leur avait ouvert Louis XIV. Des femmes d'Invalides accompagnaient en pleurant le triste cortége, qui ne tarda pas à se mettre en route. De jeunes soldats, dont les pères étaient expulsés, s'écriaient en les montrant au peuple : « Voyez « comment on récompense ceux qui ont versé leur sang sur « les champs de bataille ! Faites-vous estropier pour la dé- « fense du pays, et votre vieillesse ne trouvera pas un asile « pour mourir. »

Les vieux soldats répondaient par leurs sanglots à ces manifestations sympathiques. Dans les rues où ils passaient, c'était à qui leur offrirait des vivres ou de l'argent. L'émotion et l'attendrissement de la foule éclataient à chaque pas.

Les circonstances qui avaient accompagné ce premier départ donnèrent des craintes sérieuses pour celui du lendemain. Cependant, le ministre ne voulant pas faiblir devant une manifestation populaire, prescrivit de ne pas reculer d'un pas ; mais, le 30 juin au matin, la foule était encore plus compacte et plus animée à l'entrée de l'Hôtel. Les mêmes scènes se renouvelèrent plus fortement que la veille, surtout au moment où les voitures dont les conducteurs avaient reçu l'ordre d'accélérer la marche débouchèrent, dans leur précipitation, sur la place des Victoires, pour gagner la route que devait suivre ce convoi.

Écoutons l'abbé Maury, évoquant à la tribune cette scène émouvante :

« Les Invalides étaient sortis consternés, gémissants ; ils demandaient avec douleur quel crime ils avaient commis, pour être ainsi expatriés à leur âge : ils regardaient de loin les murs chéris qu'on les forçait d'abandonner, et tant qu'ils purent apercevoir leur commun asile, ils ne cessèrent de le contempler avec le plus touchant attendrissement. La file des chariots qui les transportaient fut arrêtée, en traversant

Paris, par un embarras de voitures, à l'entrée de la place des Victoires. Ces vieux soldats lèvent les yeux, ils aperçoivent les traits si familiers pour eux de Louis XIV; ils se précipitent, les yeux baignés de larmes, devant l'image adorée de leur grand fondateur ; ils élèvent vers lui leurs tremblantes mains, ils l'appellent leur père, ils s'écrient en gémissant qu'il ne leur reste plus de père. »

Ce triste épisode que l'on cacha soigneusement au roi indisposa plus fortement encore que la veille la foule contre le gouvernement.

Quant au baron d'Espagnac, il était adoré des Invalides qui savaient toute la résistance opposée par lui aux projets du ministre. Le gouverneur ne se rebuta pas dans ses démarches et ses instantes sollicitations le firent triompher peu à peu de l'obstination de M. de Saint-Germain.

Un mois ne s'était pas écoulé qu'on lui accordait pour tous les soldats invalides de Paris ou des environs le droit d'entrer aux infirmeries de l'Hôtel, tolérance qui s'étendit bientôt aux officiers.

Le 16 novembre de la même année, il obtint que tout bas officier ou soldat qui, âgé de 75 ans, se présenterait à la grille de l'Hôtel en prouvant qu'il ne pouvait suffire à ses besoins, pourrait être admis comme pensionnaire. Le comte de Saint-Germain sentait, sans doute, qu'il était allé trop loin dans ses réformes, et, s'il n'approuvait pas la rentrée d'un grand nombre d'Invalides à l'Hôtel, il la tolérait, du moins, en ayant l'air de l'ignorer. L'opinion publique s'était d'ailleurs hautement prononcée en cette occasion et le ministre voyait la nécessité de ne pas la heurter davantage. M. de La Ponce, de son côté, fermait aussi les yeux sur ce qui se passait, tout en sachant très-bien que les anciens pensionnaires rentraient peu à peu à l'Hôtel.

Le 20 mars 1777 on transporta aux Invalides, selon les intentions du roi, les plans en relief des différentes places du royaume et des places de guerre conquises, qui étaient placés au Louvre depuis un temps immémorial. Cette curieuse et intéressante collection occupe de vastes locaux dans l'Hôtel où elle est confiée aux soins d'un colonel de génie, M. le colonel Augoyat. Sous son habile direction, le nombre de ces plans en relief augmente chaque année, en même temps que la manière de les exécuter se perfectionne de plus en plus.

Par une ordonnance du 17 juillet 1777, il fut statué que l'Institution des Invalides était principalement destinée aux bas officiers et aux soldats, surtout ceux des gardes françaises.

Cette décision, qui établissait un privilége en faveur de ces dernières troupes, fut très-mal accueillie aux Invalides et dans l'armée.

Vers la même époque, tous les anciens fonctionnaires de l'Hôtel furent supprimés et de nombreuses modifications furent apportées dans l'administration de l'Hôtel. M. de La Ponce fit exécuter avec une extrême rigueur les réglements ; on n'accorda plus de permission de découcher ; on fit de nombreux appels à la suite desquels les manquants furent sévèrement punis.

Au milieu des événements que nous venons de raconter, l'Hôtel avait été visité, le 11 février 1775, par l'archiduc Maximilien d'Autriche. Il le fut, le 20 avril 1777, par l'empereur Joseph II, frère de la reine Marie-Antoinette. L'empereur, voulant conserver l'incognito, parut aux Invalides sous le nom du comte de Falkenstein. Il se montra affable et bienveillant pour les vieux soldats. Après avoir demandé au gouverneur quels étaient ceux d'entr'eux qui avaient fait la campagne de Bavière, il leur dit en se tournant vers le baron d'Espagnac : « Monsieur le Gouverneur, ces Français-là ont fait passer à Marie-Thérèse de Hongrie, ma glorieuse mère, de longues nuits d'insomnie. Je ne puis leur savoir trop de gré de ne pas nous avoir vaincus. » Puis, il leur distribua tout l'or qu'il avait sur lui. Cette manière de rendre hommage à l'intrépidité française fut accueillie par des acclamations qui suivirent le royal visiteur jusqu'à son départ.

Les visites aux Invalides devinrent de nouveau à la mode. Les dames de France, tantes du roi, y allèrent le 25 septembre 1777, et leur exemple fut suivi par les hauts personnages du temps.

Dans le cours de cette même année, le comte de Saint-Germain laissa le ministère de la guerre au prince de Montbarey, qui réforma aussi divers abus, mais sans faire exécuter les impolitiques ordonnances de son prédécesseur.

On lui doit la décision en vertu de laquelle les officiers, dans les infirmeries, furent désormais séparés des soldats et traités dans deux pièces particulières.

Son successeur, le comte de Ségur, sentit le besoin de se faire rendre compte de la législation complète des Invalides si souvent modifiée. C'est d'après ses ordres que fut publié, en 1781, le recueil des édits, déclarations et ordonnances de l'Hôtel royal des Invalides. Cet ouvrage, qui n'a malheureusement pas été continué, est un guide sûr et précieux dans lequel on peut puiser en toute confiance les documents sur lesquels repose, jusqu'à cette époque, l'Histoire des Invalides.

Le baron d'Espagnac, après avoir lutté avec une constante persévérance contre le comte de Saint-Germain et avoir soutenu de toute son énergie la défense de ses chers pensionnaires, mourut en 1781 regretté universellement de ses vieux soldats qui savaient tout ce qu'ils devaient à ses efforts.

Le comte Guibert lui succéda. C'est cet officier général qui, après avoir été fait prisonnier à la bataille de *Rosbac* et être resté dix-huit mois en Prusse, fut chargé, par le duc de Choiseul, de la confection des ordonnances sur le service des places. La manière dont il s'acquitta de cette tâche lui mérita une haute réputation parmi nos législateurs militaires. Il mourut le 8 décembre 1786, et le roi permit qu'il fut enterré dans l'église des soldats.

Il fut remplacé par le marquis de Sombreuil, maréchal de

camp, dont le nom devait devenir impérissable par le dévouement de sa fille. Les États-Généraux le trouvèrent à la tête des Invalides.

Depuis le passage du maréchal de Ségur aux affaires, aucun des ministres de la guerre qui s'étaient succédé n'avait pris de mesures importantes relativement à l'Hôtel des Invalides. Le gouvernement était d'ailleurs trop préoccupé des orages politiques qui grondaient à l'horizon pour pouvoir donner une attention suivie à l'institution de Louis XIV.

C'est ainsi que nous arrivons au moment de la convocation des États-Généraux.

Nous ne rappellerons pas les événements qui se passèrent alors et qui n'étaient que le prélude de ceux bien plus graves qui devaient bientôt s'accomplir.

Les Invalides n'ont pas encore pris part à la lutte qui s'engage entre la monarchie et la démocratie, mais les ordonnances du comte de Saint-Germain et les tracasseries qu'ils ont eu à subir depuis cette époque ont dépopularisé parmi eux le nom de Louis XVI. Ces motifs les ont rendus favorables à la cause du peuple, parce qu'ils ont entrevu dans son succès un meilleur avenir pour eux-mêmes. Déjà la lutte commence dans les rues entre les troupes royales et le peuple qui manque d'armes et de munitions. On se demande où l'on pourrait en trouver, quand un cri sort de la foule : « Aux Invalides! aux Invalides! l'Hôtel renferme plus de vingt mille fusils destinés à tirer sur nous. Courons nous en emparer pour nous en servir contre nos assassins. »

Cet appel aux armes est accueilli avec enthousiasme. Chacun se dirige vers l'Esplanade où un immense rassemblement se forme le 12 juillet au soir; cependant ce rassemblement se disperse peu à peu de lui-même, non sans avoir manifesté des intentions hostiles et s'être donné rendez-vous pour le lendemain.

Le général de Sombreuil, prévenu que les mêmes scènes tumultueuses doivent se présenter peut-être plus menaçantes dans la journée du 13, fait doubler les postes, charger les canons et donne l'ordre à la compagnie d'artilleurs de se tenir mèche allumée et prête à agir, s'il y a lieu. Une foule nombreuse arrive en effet, le 13 au matin, à l'entrée de l'Hôtel. Vers midi elle se grossit d'une colonne immense de peuple à laquelle se joignent, pendant sa marche, plusieurs compagnies de gardes françaises qui viennent de pactiser avec les Parisiens. Cette armée, sans fusils, s'avance en ordre, obéissant aux chefs qu'elle s'est donnés dans sa route. Déjà, disent les recueils du temps, l'avant-garde de cette troupe se préparait à forcer la grille, lorsqu'un officier voyant le danger devenu imminent commande avec énergie : « Canonniers, à vos pièces, et faites feu sur les émeutiers. » Les artilleurs restent immobiles et n'obéissent pas à cet ordre. L'officier le renouvelle ; il reste inexécuté comme le premier. Au même instant un homme aux formes athlétiques sort de la foule, s'avance et s'écrie : « Les canonniers invalides ne mitraillent pas leurs frères. Nous ne sommes pas venus ici pour violer l'asile de la bravoure française, nous ne demandons que les armes qui sont à l'Hôtel pour résister à la force par la force. » Les artilleurs se tournant alors vers leur chef lui disent, en foulant aux pieds leurs mèches allumées : « Nous ne pouvons ni ne devons obéir. » Une immense acclamation accueille ces paroles. Les fossés sont comblés en un instant et la foule, qui ne rencontre plus d'obstacle, se précipite comme une avalanche dans l'Hôtel cherchant un magasin plus précieux en ce moment pour elle que tous les trésors. Les armes avaient été cachées par précaution d'après l'ordre du gouverneur. On parvint cependant à les découvrir.

« On se précipita avec fureur, dit *le Moniteur* du lendemain, dans le souterrain qui recèle le dépôt principal. Fusils, pistolets, sabres, bayonnettes, furent enlevés en un instant, et l'on s'empara de toutes les armes qui s'y trouvaient ; vingt-huit mille fusils et vingt pièces de canon furent le fruit de cette expédition. Tout heureuse qu'elle fut, elle devint fatale à plusieurs citoyens, qui furent ou étouffés dans la foule ou victimes de la violence avec laquelle on arrachait les armes.

« Le gouverneur, ajoute le même journal, aurait pu, avant de se rendre, faire mordre la poussière à des milliers de bourgeois ; mais il aurait à la fin succombé. Il prit donc le sage parti d'épargner le sang des citoyens et de ses braves vétérans, et ne tenta pas d'opposer une résistance inutile à des forces supérieures. Combien il dut s'applaudir de sa prudence, lorsqu'il fut témoin de l'incursion générale dans les cours et les corridors de l'Hôtel ! Quelle digue eût-il pu opposer à la rapidité de ce torrent ? Le peuple sut gré à Sombreuil de sa fermeté, le respecta lui et ses vieux guerriers, ne fit aucun dégât dans l'enceinte de son gouvernement, et posa même une garde très-nombreuse pour prévenir des désordres inévitables sans cette précaution. »

Le peuple une fois maître de ces armes se retira en effet sans violence et sans commettre d'autres exactions. Les Parisiens pouvaient maintenant entrer en lutte puisqu'ils avaient des armes. Ils se donnèrent rendez-vous pour le lendemain, 14 juillet, à la Bastille dont ils voulaient s'emparer.

On ne sait pour quel motif un dépôt d'armes aussi considérable se trouvait à l'Hôtel. Le bruit courait que M. de Sombreuil avait reçu l'ordre du roi de convertir l'Hôtel en un arsenal pour pouvoir armer immédiatement la troupe qu'on devait envoyer contre les Parisiens. Quelque soit le degré de fondement à ajouter à cette explication, toujours est-il que ce fut là que la foule trouva les armes sans lesquelles elle ne pouvait agir.

Le 14 juillet, les Invalides devaient aussi jouer un rôle important dans la prise de la Bastille. Ce château-fort était gardé, comme nous l'avons dit plus haut, par une compagnie détachée de quatre-vingts vieux soldats.

Au moment où les flots du peuple se précipitèrent dans

les cours de cette prison d'État dont ils venaient de s'emparer, les Invalides allaient succomber sous ses coups, lorsqu'un officier des gardes françaises leur sauva la vie en s'écriant : « Respect aux Invalides, ils ont pactisé hier avec les patriotes en leur livrant les fusils de l'Hôtel. » Ces paroles suffirent pour changer complétement les dispositions de la foule. Les Invalides furent entourés et, par un revirement si fréquent dans les masses populaires, ils furent acclamés et portés en triomphe par ceux qui, un instant auparavant, voulaient venger sur ces vieux soldats la mort de leurs frères mitraillés pendant l'attaque.

Dès ce moment, l'uniforme des Invalides fut, en quelque sorte, un objet de vénération pour les patriotes de 1789. Nous les verrons désormais figurer dans les cérémonies publiques les plus importantes, écoutés religieusement dans les clubs, en un mot, l'objet des vives et respectueuses sympathies publiques.

En 1790, l'Assemblée nationale livrée aux plus importants travaux politiques, ne s'occupa que d'une manière très-secondaire des Invalides ; toutefois, il fut rendu, à cette époque, plusieurs règlements nouveaux sur la solde des Invalides détachés et sur les pensions.

Le 21 septembre, l'Assemblée nationale décréta l'indemnité nécessaire à l'Hôtel pour remplacer les pensions d'oblats et les autres droits supprimés.

Cependant les Invalides voulant profiter du prestige dont ils jouissaient depuis le 13 et le 14 juillet 1789, n'avaient pas tardé à demander à jouir aussi de la liberté. Le souvenir des mesures prises par le comte de Saint-Germain, la crainte de se voir tôt ou tard renvoyés de l'Hôtel pour entrer dans des hospices militaires ou civils, tels furent les principaux motifs qui les décidèrent à signer de nombreuses pétitions adressées à l'Assemblée nationale portant toutes pour épigraphe : *Pension et Liberté.*

Le nombre des signatures était tel que le comité militaire

chargé de faire un rapport à ce sujet fut convaincu que la majorité des pensionnaires désirait la suppression de l'institution de Louis XIV.

Ce comité, par l'organe de Dubois-Crancé, son fondé de pouvoirs, établit que le chiffre des militaires ayant droit à entrer à l'Hôtel était de trente-huit mille, chiffre énorme qu'on était bien loin de pouvoir admettre. Il fit connaître que l'Hôtel recevait alors deux mille huit cents hommes qui coûtaient deux millions huit cent mille francs; qu'en accordant à chacun d'eux le maximum décrété pour les pensions de retraite à venir, chacun des pensionnaires préférerait sans doute à l'habitation dans l'Hôtel. la jouissance de cette somme dont le prix serait bien rehaussé à ses yeux par la liberté qui en serait pour lui la conséquence. Il fit valoir, en même temps, les avantages qui résulteraient pour les Invalides de leurs rapports journaliers avec la population, et surtout de la cessation du désœuvrement toujours si fâcheux dans des agglomérations nombreuses. Quant aux Invalides déjà retirés chez eux avec pension de solde ou demi-solde, il proposa d'améliorer leur sort en ajoutant à ce qu'ils touchaient les économies réalisées par l'adoption de ce projet.

Le comité militaire conclut enfin à la suppression de l'Hôtel, qui serait vendu à la municipalité de Paris pour faire de cet établissement une grande prison. Les Invalides moines-lais et les manicros devaient être dispersés, à leur choix, dans les quatre-vingt-trois hospices départementaux.

Les Invalides détachés ayant un service actif étaient reconnus avoir droit à participer, dans leurs corps, aux mêmes avantages que les troupes, et le comité croyait de toute justice d'accorder à ceux qui seraient supprimés la totalité de leurs appointements pour retraite. Ces compagnies détachées, si nombreuses encore, devaient être réduites à huit compagnies de canonniers répartis sur les côtes.

Ce rapport fut lu le 15 février 1791 à l'Assemblée nationale, où il produisit la plus vive impression. Il y fut décidé que le sort des Invalides serait débattu dans la séance du 29 mars suivant.

Cependant deux partis s'étaient formés à l'Hôtel, l'un réclamant *la pension et la Liberté*, l'autre qui demandait *le maintien de l'asile des vétérans*.

Ce dernier parti avait à sa tête le capitaine Lejeune qui, usant de toute son influence sur ceux de ses camarades qui partageaient son opinion, leur fit signer une sorte de protestation dans le sens que nous venons d'indiquer. Voici le texte de cette importante pétition qui avait été approuvée, dit-on, par l'abbé Maury, le défenseur ardent et éloquent du maintien de l'Hôtel.

« Les officiers de tous les grades soussignés, prient MM. les représentants de la nation de prendre en considération leurs craintes sur l'avenir qui attend les officiers et les soldats invalides. Isolés, sans famille, ou exposés chaque jour à perdre les seuls parents qui leur sont encore attachés, ces vieux militaires ne peuvent espérer de trouver un asile que chez des hommes guidés par l'intérêt, et la modicité de leur pension ne tentera personne.

« Accoutumés à l'insouciance la plus entière sur les besoins de première nécessité, ces vieillards peuvent-ils attendre d'eux-mêmes cette économie soutenue qui leur deviendrait indispensable? Et s'il leur est impossible, à leur âge, d'apprendre à compter avec eux-mêmes, leurs derniers jours seront dévorés par l'inquiétude et le besoin. Il y a plus, aucune pension bourgeoise ne peut leur donner cette nourriture saine à laquelle ils sont accoutumés, et ce n'est point à leur âge qu'on change de régime. Les pensions annoncées dans le décret élaboré par la commission militaire suffiront à l'entretien et à la nourriture ; mais quel officier, quel soldat pourra faire les frais de son premier établissement ? »

Les partisans de la suppression, dont le chiffre avait été annoncé comme s'élevant à deux mille environ, avaient pour eux l'avantage du nombre. Leurs antagonistes luttaient, comme nous allons le voir, par les puissantes considérations qu'ils invoquaient et par l'éloquence de leurs défenseurs.

Tel était l'état de la question quand s'ouvrit cette mémorable discussion devant l'Assemblée nationale.

En attendant cette séance, l'opinion publique et les journaux s'étaient partagés en deux partis bien distincts, l'un criant à la profanation si l'on osait supprimer l'Hôtel des Invalides, l'autre soutenant que cet asile fastueux n'était qu'un vestige des gouvernements despotiques : jamais question n'avait occupé à un plus haut point l'attention publique.

Le mercredi, 29 mars 1791, au soir, les avenues de l'Assemblée nationale étaient obstruées par une foule compacte dans laquelle on retrouvait ces opinions opposées. De nombreux groupes d'Invalides qui venaient afin de connaître plus tôt leur sort étaient aussi formés près de là et soutenaient, les uns le maintien de l'Hôtel, les autres sa suppression.

Dans l'Assemblée, la politique augmentait encore l'opposition de ces deux partis. Les patriotes appuyaient à grands cris la pétition se résumant par les mots *pension et liberté*, les royalistes défendaient avec ardeur la demande du capitaine Lejeune et la conservation de l'institution du grand roi.

Dubois-Crancé commença par rappeler les points les plus saillants de son rapport et termina en présentant une requête signée par deux cent trente-cinq officiers qui, comme la majorité des sous-officiers et soldats, demandaient la suppression de l'Hôtel. Ses paroles, appuyées de cette nouvelle pièce, produisirent un grand effet. L'Assemblée paraissait même tout à fait disposée à adopter ses conclusions, et la cause de l'Hôtel semblait définitivement perdue. Cependant, le député Guillaume, orateur peu connu jusque-là, sans se laisser intimider par l'impression hostile qu'il allait trouver chez ses auditeurs, se chargea courageusement de répondre le premier.

« Votre comité militaire, dit-il, en vous présentant un plan de suppression de l'Hôtel des Invalides, s'est proposé trois objets principaux : 1° de rendre la liberté à cette classe d'hommes qui, ayant au dehors protégé la nôtre, a bien acquis le droit de mettre un intervalle entre la dépendance et la mort ; 2° d'économiser les frais excessifs d'une administration trop dispendieuse ; 3° de faire servir cette économie au soulagement de cette multitude de militaires répandus dans le royaume sous la dénomination d'Invalides pensionnés. La base de ce projet est l'établissement de quatre-vingt-trois hospices qu'on appellerait *hospices de la patrie,* et qui ne seraient, en effet, que quatre-vingt-trois hôpitaux. Pour moi, frappé de respect pour le monument que l'humanité.......

« Dites plutôt l'orgueil d'un despote enivré de sa puissance, crient les députés patriotes ! Louis XIV ne connut jamais ce que c'était que l'humanité !

« Pour moi, continua l'orateur sans se déconcerter, frappé de respect pour ce monument consacré au courage, je ne croyais pas possible d'ériger des trophées plus honorables à la vertu guerrière. C'est dans la capitale, c'est sous les yeux du monarque, c'est au milieu des compagnons de ses travaux, dans un temple dont les ornements lui rappelaient sans cesse ses exploits, que le vieux soldat venait recueillir le prix de ses fatigues. L'envie de toutes les nations étrangères, un si grand exemple imité par quelques-unes assez riches pour y pourvoir, les éloges de cet établissement portés dans toute l'Europe par la renommée, tout me persuade que je ne me suis pas trompé en regardant ce monument comme l'honneur de mon pays, quoique le rapport de votre comité militaire soit venu suspendre un instant mon admiration. Sans examiner si ce ne serait point donner un effet rétroactif à la loi que de priver les militaires qui jouissent actuellement de l'Hôtel, ou qui ont des droits acquis à cette retraite, d'un établissement sur la foi duquel ils ont mille fois exposé leur vie, je vais, à mon tour, mettre sous vos yeux des pétitions opposées à celles dont M. le rapporteur vous a donné communication. »

Le député Guillaume lut alors l'adresse du capitaine Lejeune que nous avons citée plus haut, en appuyant sur les points les plus saillants ; puis il reprit son discours qu'il termina en ces termes : « D'après ces pétitions contradictoires, ne peut-on pas trouver une mesure qui concilie à la fois tous les intérêts ? Elle existe, cette mesure, dans la liberté absolue du choix. »

Ici l'orateur fut interrompu par Alexandre de Lameth, qui chercha à détruire l'effet qu'aurait pu produire le discours du député Guillaume ; mais celui-ci lui répondit aussitôt :

« Le citoyen qui a perdu ses membres au service de la patrie doit appartenir à la nation tout entière. Il y a donc de l'inconvenance à isoler les hospices projetés dans les départements : ce devoir sacré de pourvoir aux besoins de ces guerriers généreux est le plus bel apanage du Corps législatif. L'Hôtel des Invalides doit être sous la protection immédiate de l'Assemblée nationale ; la dépense doit être acquittée des fonds du Trésor public ; la plus grande solennité doit assister à l'admission des sujets. Au lieu de dénaturer cette institution sublime, il me semble plus digne de l'Assemblée nationale d'en réformer les abus, d'y ajouter tout l'éclat dont le nouveau régime peut la rendre susceptible, de la décorer de tout ce qui peut honorer ces respectables vieillards et leur rappeler le souvenir de leurs exploits. Je conclus à la conservation de l'Hôtel des Invalides. »

L'orateur avait frappé juste et développé les arguments les plus concluents en faveur de la conservation de l'Hôtel.

Custine prit alors la parole pour combattre le député Guillaume. Il demanda « qu'on employât tous les vieux soldats routinés au régime et à la discipline militaire, à la garde des côtes pour empêcher les introductions frauduleuses. Là,

6

tous les vieillards, tous les infirmes recevraient, moyennant les trois quarts de leur pension, tous les soins dont ils auraient besoin : je demande donc que les vétérans soient répartis en bataillons et employés à la garde des côtes. »

C'est alors que l'abbé Maury, avec la puissance de son nom et de son talent, monta à la tribune. Après avoir retracé l'histoire de l'Hôtel depuis sa fondation, il prouva que la France se déshonorerait en détruisant une institution si nationale et dont toutes les nations lui enviaient la gloire. Tout en défendant avec chaleur les intérêts des vieux soldats, il reconnut qu'il existait des abus à l'Hôtel, et il demanda qu'on y apportât promptement remède. Il termina par ces éloquentes paroles :

« Ils demandent la liberté, dites-vous : qu'on la donne à ceux qui la veulent, mais qu'on ne force pas les autres à l'accepter. »

L'abbé Maury, en consacrant le principe de liberté absolue, venait d'enlever au comité militaire un grand nombre de ses partisans.

A la séance suivante, M. de Clermont-Tonnerre vint appuyer de l'autorité de sa parole et de son influence les conclusions de l'abbé Maury. Il insista, comme lui, sur la nécessité de conserver ce monument national, tout en apportant immédiatement d'importantes réformes dans son administration. Parmi celles qu'il signala, il proposa de donner aux Invalides le droit de surveiller eux-mêmes leurs administrateurs, et de discuter le nouveau règlement qui serait appliqué. Il sut ainsi rallier toutes les opinions. Il s'éleva surtout contre la distinction qu'on faisait entre le pain du soldat et celui de l'officier :

« Il y a deux sortes de pain, s'écria-t-il : cet abus de l'ancien régime devient dès ce jour intolérable. C'est du bon pain, c'est du meilleur pain que la patrie doit à ses malheureux soldats. C'est du bon sang qu'ils ont versé pour elle. »

Ces nobles paroles excitèrent les applaudissements unanimes de l'Assemblée.

Ce fut en vain que Menou vint critiquer la fastueuse organisation de l'Hôtel, l'Assemblée avait déjà pris intérieure-
ment sa décision. Elle voulait conserver l'Hôtel, tout en sup-
primant les abus. S'emparant de cette pensée, le député
Emmery la formula avec habileté et précision dans le décret
suivant, qui fut immédiatement adopté et qui devint, en
quelque sorte, le préliminaire de la loi de 1792 :

« L'Assemblée nationale décrète qu'il ne sera reçu désormais à l'Hôtel des Invalides, conformément à l'idée de création, que des militaires qui auraient été estropiés ou qui auraient atteint l'âge de caducité, étant au service de terre ou
de mer, et qui n'auraient, d'ailleurs, aucun moyen de subsister.

« Ceux qui sont actuellement à l'Hôtel seront maîtres d'y
rester.

« Ceux qui voudront en sortir auront une pension de retraite, savoir :

« Les lieutenants-colonels, 1200 livres ; les commandants
de bataillon, 1000 livres ; les capitaines, 800 livres ; les
lieutenants, 600 livres ; les maréchaux-des-logis en chef,
482 livres 3 sous 4 deniers ; tous les sous-officiers, 300 livres 10 sous ; tout soldat invalide, 227 livres 10 sous.

« L'Assemblée nationale, prenant en considération particulière la situation de ceux qui ont été le plus maltraités à
la guerre, accorde cent livres de gratification annuelle, en
sus du traitement ci-dessus désigné, à tous les officiers et
soldats invalides retirés à l'Hôtel, qui se trouvent privés
d'un bras, d'une jambe, ou qui, par d'autres accidents quelconques, sont de la classe des *moines-lais*.

« Tous les traitements ci-dessus désignés seront payés aux
officiers, sous-officiers et soldats qui quitteront l'Hôtel, sans
aucune retenue, mais par mois, partout où ils désireront fixer
leur retraite, et sans frais ; et lesdits traitements ne pour-

ront être saisissables en tout ou en partie; mais ils ne jouiront à l'avenir d'aucun privilége ni de leur habillement.

« Il sera fourni à chaque officier, sous-officier et soldat un habillement neuf et un petit équipement complet, indépendamment des dix sous par lieue, pour chaque sous-officier, pour se rendre à la destination qu'il lui plaira de choisir.

« L'état-major de l'Hôtel sera supprimé.

« L'administration sera réformée.

« Le comité militaire présentera incessamment ses vues sur cet objet, ainsi que sur les moyens de conserver quelques compagnies détachées de vétérans. »

En vertu de ce décret, la liberté du choix entre l'Hôtel et la pension de retraite, fut irrévocablement établie, et tout privilége disparut de cette noble institution.

Nous arrivons à l'année 1792, si féconde en graves événements. L'invasion étrangère menace nos frontières, et la terrible journée du 10 août voit s'écrouler le trône de la dynastie qui, depuis neuf cents ans, gouvernait la France. En même temps la République une et indivisible est proclamée à la face de l'Europe, dont la stupéfaction égale le ressentiment.

# CHAPITRE III

Le cœur de Vauban est transféré aux Invalides. — Visites du roi de Saxe, du roi de Wurtemberg, du roi de Bavière. — Le cœur du duc de Montebello est déposé aux Invalides. — Décret organique du 11 mars 1811, sur l'administration, la police et les dépenses de l'Hôtel. — Modifications de l'uniforme. — Naissance du roi de Rome. — Le cœur du général Baraguey-d'Hilliers, les restes des généraux Eblé et Lariboissière sont déposés aux Invalides. — Dernière visite de l'Empereur. — Les Invalides offrent leurs services pour la défense de Paris. — Le maréchal comte Serrurier fait brûler les drapeaux pris sur l'ennemi. — Première restauration. — Ordonnance du 12 septembre 1814, relative aux Invalides. — Les cent jours.

Malgré les préoccupations de toutes sortes auxquelles était livrée l'Assemblée nationale, ses membres n'oublièrent pas l'obligation qu'ils s'étaient imposée de réformer les abus existants à l'Hôtel.

Dès le 3 janvier 1792 elle s'occupait des Invalides, et décrétait que la somme de 400,000 francs versée par le sieur Guillaume serait remise à la caisse de l'extraordinaire des guerres.

A cette époque, où l'on prévoyait d'une manière certaine qu'on aurait bientôt à lutter contre les troupes des souverains coalisés, il fallut augmenter, dans des proportions énormes, les cadres de l'armée; mais en appelant tant de soldats sous les drapeaux, on n'oublia pas qu'un trop grand nombre d'entre eux paieraient de leur sang et de leurs blessures leur dévouement à la patrie; aussi voulut-on assurer d'une manière durable et efficace le sort de ces braves mutilés à l'Hôtel des Invalides dont l'existence ne pouvait désormais être mise en doute.

Le 29 février 1792, le député Lacuée, chargé de la rédaction du projet de loi relatif aux Invalides, en donna lecture à l'Assemblée. Cette loi fut adoptée sans discussion et promulguée le 30 avril suivant.

Nous croyons utile d'en citer les principaux articles :

L'établissement connu sous le nom d'*Hôtel des Invalides* est conservé sous la dénomination d'*Hôtel national des militaires Invalides*, titre plus explicite par l'adjonction du mot militaire et qui indiquait que la nation prenait le monument et l'institution sous sa sauvegarde.

La loi ramène ensuite l'Hôtel à sa destination primitive en statuant que les officiers, sous-officiers et soldats qui auront atteint l'âge de caducité ou seront devenus estropiés, étant sous les armes, tant au service de terre qu'au service de mer, seront seuls admis.

Elle laisse aux officiers et soldats déjà à l'Hôtel le droit de se retirer chez eux avec la pension de leur grade, s'ils le préfèrent, tout en conservant la faculté de rentrer plus tard, s'ils le demandent.

Tous les anciens militaires formant les compagnies détachées ou retirés dans les départements; ceux qui ont obtenu le brevet de vétérans, la pension de solde ou de demi-solde, etc., seront, dès à présent, admissibles aux Invalides ou aux pensions afférentes à leur grade.

La Trésorerie nationale est chargée de fournir les sommes nécessaires pour le paiement de ces pensions, qui seront soldées d'avance, mois par mois, sans aucune retenue.

Le Corps-Législatif est chargé d'assurer l'exécution de cet article et de déterminer annuellement le nombre des admissions. Il sera, pour 1792, de trois cents officiers, de dix-sept cents sous-officiers et soldats.

L'administration est confiée, sous la surveillance du département de Paris, à un conseil électif divisé en deux sections : l'une, sous le nom de conseil général; l'autre, sous celui de bureau administratif.

Les militaires de tous grades résidant à l'Hôtel, qui seront appelés à faire partie du conseil général, seront élus par tous les Invalides au scrutin individuel et à la pluralité absolue des suffrages.

Le conseil général d'administration tiendra une séance le premier lundi de chaque mois.

La partie essentiellement organique est celle relative aux compagnies détachées.

Ces compagnies sont abolies et remplacées par le corps des vétérans nationaux, composé de cinq mille hommes, se divisant en cent compagnies de cinquante hommes, y compris les officiers, sous-officiers et soldats.

Douze compagnies sont affectées au service de l'artillerie pour la garde des côtes. Chaque département des côtes a droit à une de ces compagnies. Les militaires qui en font partie sont considérés comme étant en activité de service et reçoivent une solde en conséquence.

La Trésorerie nationale dut fournir 3,756,710 livres pour l'institution et l'Hôtel des Invalides.

Les prêtres chargés du service religieux cessèrent d'être salariés et logés dans l'Hôtel.

On conserva les officiers de santé et le pharmacien en chef.

Par une clause spéciale, Parmentier, dont le nom est devenu immortel à si juste titre, continua à résider dans l'Hôtel avec sa famille.

Le conseil d'administration fut chargé de veiller sur la quantité, la qualité et la distribution des aliments.

Le même pain fut distribué aux pensionnaires de tous les grades.

L'uniforme subit quelques modifications : la cocarde tricolore fut adoptée et les boutons portèrent les attributs de la République.

Tels furent les principaux changements apportés à l'institution des Invalides, dont le maintien fut d'ailleurs plus assuré que jamais.

Cependant les rois coalisés marchaient contre la France révolutionnaire qui faisait face à tous les dangers. On sait avec quel dévouement spontané les enrôlés volontaires accouraient à ces paroles magiques : *La patrie est en danger.*

On vit alors les vieux soldats mutilés parcourir les places publiques en répétant cet appel aux armes. En même temps, la foule, avide de connaître nos anciens exploits, se groupait autour des Invalides qui électrisaient leurs jeunes auditeurs par le récit de leurs campagnes et de leurs actes de bravoure. Les Invalides ne se contentèrent pas d'exciter ainsi l'enthousiasme populaire : heureux d'applaudir aux hauts faits de la génération qui leur succédait, ils se réunirent pour voter une adresse à l'armée française. Le gouvernement accueillit avec la plus grande faveur la délégation de l'Hôtel, qui fut invitée par le président de l'Assemblée nationale à donner lecture de cette adresse que nous reproduisons ici :

*« Les Invalides à l'armée française.*

« Camarades et amis, du sein de la plus paisible et de la plus honorable retraite, nous avons toujours appris avec plaisir les actes d'héroïsme qui ont distingué la plupart de nos braves successeurs à la défense de la patrie; nous vous félicitons tous de votre dévouement à la cause publique, et de votre courage à repousser les ennemis de la liberté.

« Puissions-nous être assez heureux pour vous convaincre, par l'expérience que nous en avons acquise dans de longues années de service, que la subordination d'une armée est sa principale force; que, sans elle, il n'existe point d'armée proprement dite, mais seulement des rassemblements de factieux qui se détruiraient eux-mêmes en détail.

« Saxe et Lowendall ne sont plus, mais vous êtes commandés par des généraux qui, comme eux, sont de vrais héros. A coup sûr, ils ne respirent que la gloire et l'honneur. Marchez sous leurs ordres avec fermeté, vous ne pourrez manquer de cueillir la palme, vous vous couvrirez de lauriers. »

La délégation fut admise aux honneurs de la séance. L'impression et l'envoi à l'armée de cette adresse furent votés immédiatement avec acclamation.

Cette exhortation patriotique des vieux braves fit une

profonde impression sur les jeunes soldats auxquels les représentants du peuple ou les généraux s'empressèrent de la lire avec solennité. Les quatre corps d'armée qui combattaient alors aux frontières y répondirent dignement en assurant les Invalides que l'exemple de leur courage et de leur vertu guerrière leur servirait toujours de guide et de soutien au milieu des dangers.

Cet échange d'adresses produisit le meilleur effet parmi les troupes. Leurs chefs eurent bientôt à constater que leurs jeunes soldats, toujours pleins d'abnégation et de courage dans le combat, se soumettaient plus volontiers aux rigueurs de la discipline, ce qu'ils croyaient dû aux sages conseils de leurs vieux camarades.

Le décret qui régissait alors l'Hôtel ne fut pas toujours heureux dans ses applications. Le principe de l'élection, mis en pratique, porta bientôt l'anarchie dans le gouvernement des Invalides, qui devait forcément être soumis à une certaine discipline. Il fallut nommer des commissaires pour recevoir les plaintes des pensionnaires, dont le sort, malgré tous les efforts du gouvernement, était loin d'être tel qu'ils l'espéraient. L'arrivée de nouveaux et de nombreux blessés obérait forcément les finances de l'Hôtel ; mais il ne pouvait en être autrement au milieu des guerres que l'on avait à soutenir.

Un décret du 12 janvier 1793 autorisait le ministre de la guerre à admettre provisoirement aux Invalides les volontaires nationaux et les soldats des troupes de ligne qui revenaient des armées avec des blessures et des infirmités. Rien n'était plus juste, en effet, que d'ouvrir les portes de cet asile national à ces nouvelles victimes de leur dévouement à la patrie. Les vieux soldats eurent donc à subir de nouveau de dures privations. Ils crurent devoir porter leurs plaintes à l'Assemblée nationale, qui les accueillit avec bienveillance, sans pouvoir porter un remède efficace à cette fâcheuse situation.

Vers la même époque, la révolution, qui fermait les temples

de la religion, fit disparaître du dôme l'autel réservé au culte et transforma cette église en Temple de Mars. Le Dieu de la guerre était, pour ainsi dire, le seul qu'on connût alors. Il n'est donc pas surprenant qu'on lui consacrât un monument où tous les trophées pris sur l'ennemi seraient déposés désormais sous la sauvegarde de la vieille armée.

Au milieu de l'enthousiasme général, des dons étaient faits chaque jour à la patrie par des personnes de tout âge et de tout sexe. Les Invalides ne voulurent pas rester en arrière dans ces manifestations. On les vit porter aussi leur don patriotique à la Convention et lui offrir, avec le fruit de leurs épargnes, le secours de leurs camarades les moins impotents, pour occuper les postes réservés autrefois aux compagnies détachées.

Les représentants émus et attendris remercièrent, par un décret spécial, les Invalides, qui se retirèrent au milieu des applaudissements des spectateurs des tribunes. Peu de jours après, la garde du palais des Tuileries fut confiée à un détachement de leurs camarades les plus jeunes et les plus valides.

Cependant les blessés qui arrivaient chaque jour des frontières encombraient de plus en plus l'Hôtel. Le nombre des places, déjà porté à quatre mille, était de beaucoup insuffisant. Pour diminuer le chiffre des demandes d'admission, la Convention augmenta la solde des vétérans formant les compagnies, et elle fit payer avec soin la pension des soldats vieux ou impotents qui, quoique admissibles à l'Hôtel, consentaient à se retirer dans leurs familles.

En outre, le Comité du salut public se chargea de la surveillance de cette institution nationale. Les abus diminuèrent encore, et pourtant les Invalides continuèrent à subir, à peu près au même degré, les privations dont on ne pouvait les garantir.

Après le vote de la Constitution, les pensionnaires de l'Hôtel se réunirent pour examiner de près ce pacte fondamental. Leur approbation fut, dit-on, à peu près unanime. Ils voulurent la faire connaître par une députation à la Convention qui fit savoir aux Invalides qu'elle recevrait leurs délégués en séance publique. Les vieux soldats, entourés d'une foule enthousiaste, entrèrent dans la salle des séances, et leur orateur prit la parole en ces termes :

« CITOYENS REPRÉSENTANTS,

« La Constitution nouvelle vient d'être sanctionnée par le peuple français. Les militaires invalides et les anciens de l'armée se sont réunis pour examiner le pacte fondamental, et tous, d'un commun accord, ont décidé que la représentation nationale avait bien mérité de la patrie, en donnant à sa gloire, aussi bien qu'à sa prospérité, les bases inébranlables de la loi.

« Citoyens, les militaires invalides et les anciens de l'armée regrettent vivement de n'avoir plus la force ni l'énergie nécessaires pour défendre cette Constitution contre les attaques des tyrans conjurés. Mais la génération qui nous remplace sur les champs de bataille a déjà si vaillamment protégé le territoire national, que désormais la République française sera invincible.

« Citoyens, nous acceptons cette Constitution, nous jurons de nous y soumettre et de la faire respecter : *Vive la République, une et indivisible !* »

Le président déclara que la Convention accordait à la députation les honneurs de la séance. En effet, cette adresse avait produit une vive sensation sur le public des tribunes et sur les représentants qui, au moment du départ, accompagnèrent ces vieux soldats de leurs applaudissements chaleureux et sympathiques. Leur retour à l'Hôtel, au milieu d'une foule respectueuse et empressée, fut un véritable triomphe.

Rien n'était alors aussi populaire que les Invalides. Dans les réunions publiques, dans les clubs, on se préoccupait vivement des moyens d'améliorer leur sort.

Aux Jacobins particulièrement, la société consacra, au

commencement de l'année 1794, plusieurs séances à discuter les affaires de l'Hôtel. Sur ses instances, la Convention
décida que les rations qu'on fournissait en nature aux différentes catégories de pensionnaires seraient désormais les
mêmes pour toutes.

En outre, le Comité de salut public s'empara bientôt de la
surveillance de l'Hôtel, espérant couper court aux plaintes et
aux réclamations. Il commença par supprimer l'administration établie en vertu du décret de 1792 et la remplaça, le
26 floréal an II, par une agence dont il nomma les membres.
Cette agence, animée des meilleures intentions, fit ce qu'elle
put pour améliorer le sort des pensionnaires, mais ne réussit
guère mieux que la précédente. Cette mesure avait été prise
à l'instigation de Dumas qui, à la suite de dissensions dans
l'Hôtel, avait été chargé de rétablir l'ordre parmi les vieux
soldats, et de proposer les changements qu'il jugerait urgent
d'adopter.

Une puissante intervention était bien nécessaire, en effet, à
l'Hôtel où deux partis étaient en lutte. L'un, celui des vieux
Invalides, qui regrettait les souvenirs monarchiques ; l'autre,
celui des plus jeunes, qui voyait avec indignation ces tendances rétrogrades. Le délégué Dumas qui, depuis longtemps, s'occupait avec zèle des intérêts des pensionnaires,
réussit dans sa mission et calma les orages intérieurs que la
politique avait fait naître ; mais en faisant connaître cette so-
lution favorable, il signala, dans son rapport à la société des
Jacobins, les graves abus dont il avait été témoin. Il dit que
des vêtements n'étaient pas fournis à un grand nombre de
malades forcés de rester couchés parce qu'ils n'avaient pas
de culotte et parce qu'on ne leur avait donné qu'un lambeau
de toile insuffisant pour cacher la pudeur.

Quant aux luttes intestines qu'il avait été chargé d'apai-
ser, il ajouta :

« Citoyens, j'ai trouvé les Invalides divisés en deux
camps : les patriotes et les royalistes étaient en guerre ou-

verte, comme on vous l'a dit dernièrement. J'ai été assez heureux pour rétablir l'ordre dans la grande famille des soldats. J'ai fait comprendre aux royalistes que, si la République avait bien voulu leur conserver leur droit d'asile, ce n'était pas pour leur fournir les moyens de conspirer contre la liberté. Mes avis ont produit le plus salutaire effet. Quant aux patriotes, je les ai félicités de leur dévouement à la cause publique, en leur conseillant de s'efforcer d'instruire leurs vieux camarades par une propagande révolutionnaire, au lieu de leur chercher querelle.

« Citoyens, je connais maintenant la source du mal; elle est dans la négligence et le mauvais vouloir de l'administration. J'ai visité les infirmeries, les blessés, et j'ai vu sur la figure des vieux soldats la détestable empreinte de la servitude, comme si la France n'avait pas secoué le joug des tyrans. Dans les infirmeries, les vieux malades ne connaissent même pas le nom de citoyen, et ignorent que nous sommes en République. L'administration a tout fait pour empêcher les réformes prescrites par l'Assemblée nationale... Les administrateurs sont des intrigants qui exercent sur les pensionnaires de la patrie toute la pression du despotisme. Mes collègues et moi nous avons vu clairement qu'on intriguait même sous nos yeux.

« Ne croyez pas néanmoins, Citoyens, que tous les Invalides soient corrompus par le royalisme et aveuglés par les ténèbres de la barbarie. Nous avons rencontré dans l'Hôtel des patriotes dévoués qui, non contents d'avoir versé leur sang pour la République, propagent aujourd'hui les doctrines de la liberté; vous pouvez compter sur la régénération de l'Hôtel; mais, pour arriver à ce but, il faut prendre des mesures efficaces; je vous propose donc de faire décréter par la Convention, qu'à dater du 1er prairial prochain, l'ancienne administration quittera les Invalides.

« J'ai remarqué aussi que les feuilles patriotiques ne sont pas reçues dans l'Hôtel.

« C'est une indignité, s'écria Renaudin, je propose que les administrateurs soient renvoyés à l'accusateur public. Ils sont d'autant plus coupables, que chaque jour nous leur avons envoyé deux cents exemplaires de feuilles patriotiques pour faire l'éducation civique des Invalides. »

Les jacobins accueillirent avec enthousiasme cette proposition de Renaudin, et décidèrent, par acclamation, que les administrateurs des Invalides seraient traduits devant l'accusateur public.

M. de Sombreuil était encore à la tête des Invalides. Mis en jugement avant cette époque, quoique ayant fait adhésion à la Constitution après la fuite du roi à Varennes, il avait été condamné et sauvé, comme l'histoire nous l'apprend, par le dévouement de sa fille, qui, en buvant un verre de sang humain, obtint la grâce de son père. Il ne devait pas en jouir longtemps, car il fut de nouveau incarcéré comme convaincu d'avoir correspondu avec les émigrés, et exécuté en 1794. Il emporta les regrets sincères d'un grand nombre de ses vieux soldats qui pleurèrent amèrement sa mort; mais la hache révolutionnaire frappait alors sans relâche et sans merci, au gré des ressentiments et des passions politiques.

A partir de cette même année, nous allons voir les Invalides si favorablement accueillis partout, appelés à jouer le principal rôle dans les grandes fêtes publiques. C'est ainsi que nous les trouvons en corps le 30 vendémiaire an III (22 octobre 1794), à la fête des Victoires, dont Marie-Joseph Chénier avait tracé le programme. La Convention avait décrété cette fête patriotique pour honorer les brillants succès de nos armées.

Un rocher gigantesque, symbole de la patrie victorieuse, avait été dressé au champ de Mars. Autour de ce rocher se réunirent les blessés des armées et les Invalides. Les députés de la Convention assistaient aussi à cette cérémonie dont plus de deux cent mille spectateurs étaient venus admirer le coup d'œil. On chanta des hymnes patriotiques, il y eut des harangues prononcées, et les Invalides furent reconduits à l'Hôtel au milieu des acclamations de la foule.

Peu de temps après, on les vit figurer de nouveau à la fête de la Reconnaissance et de la Victoire, décrétée le 20 floréal an IV, fête pendant laquelle la Commune leur distribua des palmes et des drapeaux.

Quelques jours plus tard, le 10 prairial, quatorze délégations d'Invalides figurant les quatorze armées de la République, présentèrent au gouvernement les drapeaux pris sur l'ennemi.

Comme nous le voyons, on ne négligeait aucune occasion d'honorer le courage des vieux défenseurs de la patrie. On n'oubliait pas non plus l'amélioration de leur sort.

Le 22 août 1794, la Convention décréta que les militaires qui ne s'étaient pas retirés à l'Hôtel ou qui en sortiraient pour jouir de la pension, toucheraient 300 francs par an à compter du 23 septembre.

D'autres décrets succédèrent à celui-ci et apportèrent les nouvelles améliorations que l'on pouvait réaliser.

L'un d'eux créa dans l'Hôtel une école pour enseigner à lire, à écrire et à compter. Des secours annuels furent accordés aux veuves âgées de cinquante ans au moins, ainsi qu'aux enfants des Invalides et des militaires retirés avec pension. On chercha, en outre, le moyen de faciliter aux vieux soldats privés d'un membre et qui connaissaient quelque métier, la possibilité d'exercer une industrie.

Les vieux soldats, accoutumés par le bon accueil qu'ils recevaient à agir avec une extrême liberté, poussèrent quelquefois trop loin le zèle mal raisonné de leur patriotisme. C'est ainsi qu'en l'an V où l'on parlait partout de tentatives rétrogrades, ils maltraitèrent, en l'expulsant de l'Hôtel, un jeune homme à collet noir, faisant partie de la jeunesse dorée, comme on disait alors, qu'ils soupçonnèrent de royalisme. Ce jeune homme ne s'était présenté que comme un simple curieux et, rien dans sa conduite, depuis le mo-

ment où il était entré à l'Hôtel, ne motivait un pareil traitement; mais le bruit circula que c'était un agent thermi-
dorien. Aussitôt il se voit entouré et mis rudement dehors;
plainte en fut portée aux législateurs qui laisssèrent cette
affaire tomber dans l'oubli; toutefois les Invalides se méfiant
des embauchages monarchiques, dont les révolutionnaires
leur assuraient l'existence, étaient toujours en garde contre
quelque surprise de ce genre.

L'année suivante, un lieutenant nommé Gilbert fit paraître
sous le titre de *pétition des Invalides*, un pamphlet contenant des insultes très-graves contre le Corps-Législatif, pamphlet capable d'indisposer l'armée et les vieux soldats contre
le gouvernement. Le Corps-Législatif fut forcé cette fois de
sévir en faisant décréter d'accusation l'auteur de ce libelle.
Traduit devant ses juges, il répondit avec fierté en montrant
les blessures qu'il avait reçues :

« Citoyens, je n'ai pas besoin de vous dire ce que j'ai fait
pour la république; ces honorables cicatrices parlent assez
haut pour moi. On m'accuse d'avoir voulu déconsidérer le
pouvoir législatif et d'avoir cherché à égarer l'armée. A ces
accusations je n'ai qu'une chose à répondre : mon sang a
coulé pour l'indépendance nationale. Quant à la *pétition des
Invalides*, elle n'est que l'exposé de griefs malheureusement
trop réels. »

Malgré la fermeté de son attitude et de son langage, ses
juges, un moment émus, ne purent s'empêcher de le con-
damner, tant étaient violents les termes de cet écrit. Il dut se
rendre en prison d'où il ne sortit qu'à l'avènement du premier consul.

A cette époque le général Brice-Montigny était à la tête de
l'Hôtel. Sa nomination faite le 20 novembre 1796 par le
directoire était ainsi conçue :

*Extrait du registre du Directoire exécutif*, 30 *brumaire an V.*

Le Directoire exécutif, en conséquence de son arrêté sur l'organisation de l'Hôtel des Invalides, nomme le général Brice-Montigny commandant en chef.

*Signé* BARRAS, LAGARDE.
*Contresigné* PÉTIET.

Cet officier général comptait de beaux services, il s'était particulièrement distingué en 1793 à l'armée du Nord et à celle de l'Ouest. Appelé bientôt à commander la 6ᵐᵉ division militaire à Besançon, il quitta le gouvernement des Invalides sans avoir eu le temps de s'occuper de la nouvelle organisation de l'Hôtel décrétée le 22 novembre 1796 par le Directoire exécutif.

Il fut remplacé par le général de division baron Berruyer qui, couvert de blessures, portait un nom honorable et respecté. Il fut installé dans son nouveau poste le 11 septembre 1797, par l'adjudant général Daumesnil, commandant en second.

Cependant les armées de la république continuaient à se couvrir de gloire, et le jeune général de l'armée d'Italie attirait, par l'éclat de ses victoires, l'attention et les sympathies de la France.

Pour célébrer dignement la pacification de la Vendée et les brillants succès remportés par nos troupes sur tous les points de l'Europe, le Directoire voulut offrir aux habitants de Paris une de ces fêtes nationales dans lesquelles les Invalides avaient alors l'honneur de figurer en première ligne.

C'est sous le dôme majestueux construit par Mansard, devenu, comme nous l'avons dit, temple de Mars, que se passa cette imposante cérémonie, le 1ᵉʳ vendémiaire an VI, jour anniversaire de la fondation de la république.

Les militaires blessés qui se trouvaient à Paris y avaient été conviés, ainsi que les pensionnaires de l'Hôtel. Ils se rendirent les uns et les autres avec le plus vif empressement à cette invitation et furent accueillis aux sons des airs patriotiques exécutés par un nombreux orchestre. Une estrade dressée au milieu de l'enceinte reçut le Directoire. Des invocations à la patrie et à la liberté remplacèrent les chants religieux qui faisaient jadis retentir ces voûtes solennelles.

Le président, la Révcillère-Lépeaux, prit ensuite la parole en ces termes :

« Militaires invalides et anciens de l'armée, les premiers représentants de la république vous ont donné rendez-vous dans ce temple de Mars, pour honorer en vos personnes le courage guerrier, le patriotisme et toutes les vertus civiques. Qu'y a-t-il de plus propre, en effet, à entretenir le feu sacré du patriotisme que le souvenir des victoires qui ont assuré l'indépendance nationale, victoires achetées par vous tous au prix de votre sang ? Le meilleur moyen de remporter de pareilles victoires, c'est d'attirer la vénération publique sur des infirmités et des blessures dues au dévouement le plus généreux, au plus noble amour de la patrie. Voilà pourquoi les premiers représentants de la république ont voulu, dans cette journée à jamais mémorable, témoigner de leur respect, de leur reconnaissance pour les Invalides et les anciens de l'armée.

« Maintenant, citoyens invalides, réunissez-vous en assemblée d'élection, et choisissez trois de vos camarades qui, par leurs actions d'éclat dans nos grandes batailles, par leur patriotisme et leur bonne conduite au milieu de vous, ont mérité de recevoir des témoignages particuliers de la reconnaissance nationale. »

Les trois élus, dont les feuilles publiques n'ont pas conservé les noms, furent présentés par le commandant des Invalides au Directoire. Son président leur donna l'accolade fraternelle et leur présenta ensuite, au nom de la république, une couronne de lauriers et une médaille d'argent sur laquelle on lisait :

LA RÉPUBLIQUE FRANÇAISE A SES DÉFENSEURS.

Ces trois braves venaient de recevoir la plus belle récompense qui pût leur être décernée. Ils furent à leur sortie du temple de Mars, accompagnés par les chants patriotiques de leurs camarades.

A la cérémonie, qui eut lieu ensuite au Champ-de-Mars, on leur réserva la place d'honneur. En ce lieu où se trouvait réunie une foule immense, on voyait les pères montrer avec émotion à leurs fils ces trois vieux soldats en leur disant de les imiter un jour. Là les représentants de la nation proclamèrent à haute voix leur dévouement à la patrie,

Les Invalides parurent aussi avec éclat dans les fêtes données à l'occasion du traité de Campo-Formio.

Les revers que subirent nos armées, pendant la présence en Egypte du vainqueur de l'Italie, donnèrent aux pensionnaires de l'Hôtel une nouvelle occasion de montrer leur amour et leur dévouement au pays. On vit ceux d'entre eux qui étaient valides encore accourir en demandant des armes pour aller combattre les ennemis de la France.

Au milieu de ces événements, Berruyer était parvenu à rétablir dans l'Hôtel une certaine discipline. Ce général, déjà admirateur du génie de Bonaparte, devenait chaque jour, au récit de ses prodigieux succès, un de ses partisans les plus dévoués. La campagne d'Egypte ajoutait un nouveau prestige à cette renommée si brillante qui enthousiasmait tous les esprits.

Les Invalides, aux récits des estropiés de l'armée d'Italie, voyaient augmenter leur vénération et leur sympathie pour le jeune vainqueur d'Arcole, dont les lauriers faisaient dès lors présager la haute fortune.

Le commandant en chef de l'Hôtel, qui correspondait depuis longtemps avec Bonaparte, avait sans doute été initié à ses projets. Au 18 brumaire, il prévint ceux des Invalides sur le dévouement desquels il pouvait compter, et leur dit : « Rendez-vous à Saint-Cloud. Si on a besoin de vous, mes amis, payez de vos personnes. »

Les Invalides promirent de ne pas rester au dessous de la confiance que leur témoignait leur gouverneur; en effet, ils se rendirent en assez grand nombre à Saint-Cloud, dans la matinée du 18 brumaire. Si l'on n'eut pas besoin de leur concours, on ne leur sut pas moins gré de cette preuve de leur dévouement.

Cette journée fut saluée avec acclamation à l'Hôtel des Invalides qui devenait sous l'inspiration de Berruyer, le foyer du bonapartisme naissant.

Nommé premier consul, Bonaparte n'oublia pas leur dévouement. Il voulut leur montrer sa gratitude, ainsi qu'à leur commandant, en inaugurant sa puissance au temple de Mars, à l'occasion de la célébration de l'anniversaire du 14 juillet.

Le 25 messidor an VIII (14 juillet 1800), le nouveau chef de l'Etat arriva, vers deux heures, dans l'ancienne église des Invalides, où les personnages et les autorités invités avaient déjà pris place.

Le ministre de l'intérieur, Lucien Bonaparte, prononça d'abord un éloquent discours, dans lequel il rappela l'héroïsme des vainqueurs de la Bastille; puis trois orchestres de trois cent-vingt musiciens exécutèrent des airs patriotiques. Les artistes alors en renom chantèrent ensuite un hymne composé par Méhul, dont les passages les plus remarqués furent les suivants :

Un grand siècle finit, un grand siècle commence.

> O Condé, Dugommier, Turenne !
> C'est vous que j'entends, que je vois;
> Vous cherchez le grand capitaine
> Qui surpassa tous vos exploits.
> Les fils sont plus grands que les pères,
> Et vos cœurs n'en sont point jaloux ;
> La France, après tant de misères,
> Renaît plus digne encor de vous.

Le premier consul passa ensuite en revue tous les Invalides dans la cour. Cinq d'entre eux lui furent présentés comme étant les plus dignes d'une récompense nationale. Bonaparte leur distribua cinq médailles, sur lesquelles étaient gravés leurs noms, leur âge, le lieu de leur naissance et leurs belles actions. En les leur remettant, il leur adressa quelques-unes de ces paroles par lesquelles il savait si bien rehausser le prix des plus nobles récompenses ; puis, un héraut d'armes proclama, au milieu d'un tonnerre d'applaudissements, les noms des élus. C'étaient :

1° Lacassagne (Pierre), de Pondensac, capitaine honoraire, blessé à Saarbruck et à Verdun, âgé de quarante-neuf ans ;

2° Foucault (André), de Paris, chef de bataillon, blessé à Fleurus ;

3° Lorry (Nicolas), né à Nesle, lieutenant, blessé à Mayence, âgé de trente-deux ans ;

4° Payen (Pierre), de Dijon, capitaine, couvert de blessures dans vingt combats ;

5° Petit (François-Antoine), capitaine, blessé sous les murs d'Aix-la-Chapelle, âgé de vingt-sept ans.

Cette première partie de la cérémonie terminée, le premier consul, suivi de presque tous les Invalides, se rendit au Champ-de-Mars où, au milieu d'une foule immense, il reçut les drapeaux pris sur l'ennemi dans la campagne d'Italie. Ces glorieux trophées furent immédiatement portés aux Invalides et déposés sous le dôme où leur garde précieuse fut confiée aux braves vétérans de nos armées.

Bonaparte prenant alors la parole, remercia l'armée en ces termes :

« Officiers et soldats, les drapeaux présentés au gouvernement devant le peuple de cette immense capitale, attestent le génie des généraux en chef Moreau, Masséna et Berthier, les talents militaires des généraux, leurs lieutenants, et la bravoure du soldat français.

« De retour dans les camps, vous que l'armée chargea de présenter ces trophées, dites aux soldats que, pour l'époque du 1er vendémiaire, où nous célébrerons l'anniversaire de la République, le peuple français attend la publication de la paix, ou, si l'ennemi y mettait des obstacles invincibles, de nouveaux drapeaux, fruits de nouvelles victoires. »

Le *Moniteur* ajoute que jamais le patriotisme français ne se montra plus ardent et plus pur que dans cette fête. Chacun semblait se dire : nous voilà enfin arrivés, après cette traversée si orageuse, après tant d'incertitudes et de chances diverses, nous voilà au port.

Cette fête du 26 messidor fut décisive pour le premier consul ; elle fit pressentir les hautes destinées qui l'attendaient.

Lacuée avait proposé au conseil des anciens de former quatre succursales de l'Hôtel, sur lesquelles on aurait dirigé les pensionnaires les plus valides. Cette proposition, reprise ensuite par le Directoire, fut adoptée en partie. Une première succursale fut placée au palais de Versailles ; une autre, un peu plus tard, fut établie à Saint-Denis. Le nombre des militaires admis à l'Hôtel put dès lors être diminué ; il fut fixé à trois mille cinq cents par un arrêté du Directoire exécutif. La dépense nécessaire à l'entretien de ces vieux braves fut déclarée dette sacrée de l'État. Cette dépense avait été fixée pour l'année 1796 au chiffre de trois millions sept cent vingt-deux mille neuf cent quatre-vingt-cinq livres. On y avait ajouté, pour les besoins de l'an VI, sept cent vingt-deux mille neuf cent quatre-vingt-cinq livres.

Le nombre des blessés et des impotents, à la suite de nos grandes guerres, prit bientôt des proportions telles qu'on fut très-loin de pouvoir les admettre tous, tant à l'Hôtel que dans les succursales nouvellement établies. Il fallut en créer d'autres encore. Un arrêté des consuls, à la date du 25 août 1799, ordonna l'institution de quatre nouvelles succursales dans les 8e, 12e, 24e et 26e divisions militaires ; mais, en réalité, il n'y eut que deux succursales importantes de l'Hôtel, toutes deux ouvertes en 1801, sous les auspices de Bonaparte, l'une placée au midi de la France, à Avignon ; l'autre au nord, à Louvain, dans les provinces conquises.

Déjà, avant la loi de 1792, la gendarmerie de France avait, dans l'hospice de Lunéville, un asile qui lui était particulier. C'était, en quelque sorte, une première succursale des Invalides qui, du reste, avait bientôt reçu une autre distinction.

Les Invalides figurèrent aussi avec honneur dans une grande fête par laquelle le premier consul voulait célébrer l'anniversaire de la fondation de la République et proclamer les dix départements qui avaient fourni le plus grand nombre de volontaires. Afin d'augmenter l'éclat de cette cérémonie par une pompe militaire, il avait été décidé que le corps de Turenne serait déposé dans le temple de Mars, sous le dôme qui abritait déjà de si grands capitaines. A l'époque où les tombes royales du caveau de Saint-Denis avaient été enlevées par la fureur du peuple, le botaniste Desfontaines avait pu sauver les restes de ce guerrier et les faire transporter au muséum du Jardin des Plantes en les faisant passer pour une momie française.

Le 22 septembre 1800, veille du jour de la fête annoncée, le corps fut placé sur un char funèbre et conduit aux Invalides en présence des ministres de la guerre et de l'intérieur. Tout ce qui entourait jadis Turenne avait été imité autant que possible. Un de ses neveux avait prêté ses armes dont il avait hérité. Un cheval pie et un nègre habillé comme celui de Turenne, marchaient en avant du cortége.

Les Invalides reçurent, avec une vive émotion, le précieux dépôt dont l'entrée dans le temple fut saluée par une musique militaire grave et triste. Dans le compte-rendu de cette cérémonie, on lit ces mots : « Qui dira de quelle joie ont tressailli les Français en reconquérant, pour ainsi dire, la gloire de leurs ancêtres que des barbares avaient voulu leur ravir, en rattachant le siècle de Turenne et de tant de grands hommes au siècle si fécond en illustrations guerrières, en généreux citoyens.

Quand les symphonies eurent cessé, le ministre de la

guerre Carnot, debout devant le cercueil, prononça un remarquable discours terminé par ces mots :

« Désormais, ô Turenne ! tes mânes habiteront cette enceinte; ils demeureront naturalisés parmi les défenseurs de la République ; ils embelliront leurs triomphes et participeront à leurs fêtes nationales.

« Elle est sublime, sans doute, l'idée de placer les dépouilles mortelles d'un héros qui n'est plus au milieu des guerriers qui le suivirent dans la carrière et que forma son exemple! C'est l'urne d'un père rendue à ses enfants, comme la portion la plus précieuse de son héritage.

« Aux braves appartient la cendre du brave ; ils en sont les gardiens naturels; ils doivent en être les dépositaires jaloux. Un droit reste après la mort au guerrier qui fut moissonné sur le champ de bataille, celui de demeurer sous la sauvegarde des guerriers qui lui survivent, de partager avec eux l'asile consacré à la gloire; car la gloire est une propriété que la mort n'enlève pas.

« Citoyens, n'affaiblissons pas l'émotion que nos cœurs éprouvent à l'aspect de cet apprêt funèbre. Des paroles ne sauraient décrire ce qui tombe ici sous vos sens. Qu'aurais-je à dire de Turenne? Le voilà lui-même! De ses triomphes !... voilà l'épée qui armait son bras victorieux ! De sa mort !... voilà le boulet qui le ravit à la France, à l'humanité tout entière !... »

Cette apothéose de l'illustre guerrier préludait dignement à la fête du lendemain que nous allons rappeler. Le 1er vendémiaire an IX, le premier consul, après avoir visité un temple égyptien élevé sur la place des Victoires, se rendit à l'église des Invalides où son entrée fut saluée par un hymne de la composition de Lesueur. Puis le ministre de l'intérieur, Lucien Bonaparte, prononça un remarquable discours plusieurs fois interrompu par les applaudissements. En voici les passages les plus saillants :

« La France monarchique n'est plus, et tous les trônes se

liguent pour lui enlever ses provinces. A peine née, la France républicaine, plus forte que tous les trônes, s'élance, et, à pas de géant, parcourt et reprend les limites des anciennes Gaules. Le sceptre de Henri IV et de Louis XIV, brisé, roule dans la poussière ; mais à l'instant, le gouvernement du peuple roi retrouve en son nom et ressaisit le sceptre de Charlemagne.

« Le 18 brumaire a lui ; les divisions ont disparu ; tout ce qui est factieux se cache, tout ce qui est français se montre ; tout ce qui ne veut que l'intérêt d'un parti est écarté ou contenu ; ce qui aime la gloire et la patrie est accueilli et protégé. L'ordre est rétabli à l'intérieur ; la liberté des cultes n'est plus un vain mot, et la victoire, un moment infidèle, est ramenée par le génie aux pieds de la liberté !...

« Le siècle qui commence sera le grand siècle : j'en jure par le peuple dont je suis aujourd'hui l'organe, par la sagesse de ses premiers magistrats, par l'union des citoyens... Les grandes destinées de la France républicaine seront accomplies. »

Ces éloquentes paroles excitèrent le plus vif enthousiasme chez les assistants, et particulièrement parmi les Invalides, dont le dévouement au premier consul augmentait chaque jour. Aussi, à la nouvelle de l'attentat de la machine infernale, ces vieux braves, pénétrés d'indignation, voulurent-ils spontanément lui témoigner leurs vives sympathies dans une adresse.

« Citoyen premier consul, disait cette adresse, nous venons vous exprimer les sentiments que les Invalides se font gloire de partager avec le peuple français.

« S'ils eussent pu se livrer à leur premier mouvement, vous les eussiez vus se presser autour de leur général et de leur père à la nouvelle de la conspiration tramée contre vos jours.

« La Providence, qui vous a choisi pour les plus hautes destinées, a su vous soustraire encore une fois aux complots d'un ennemi implacable. Puisse cette même Providence veiller à jamais à votre conservation et prolonger vos jours pour le bonheur de tous !

« Ce vœu est celui que forment les Invalides dans leur paisible retraite ; ils sauront tous y renoncer pour vous servir de bouclier contre vos ennemis. »

Le premier consul reçut avec plaisir cette expression si bien sentie des sentiments des pensionnaires de l'Hôtel, et la fit mettre à l'ordre du jour de l'armée.

Chaque nouveau succès remporté par nos troupes, qui, sur tous les champs de bataille, portaient si haut l'honneur de la France et la gloire de son chef, était célébré au temple de Mars par une fête patriotique. A la suite de ces campagnes, le nombre des Invalides augmentait dans de telles proportions, qu'il s'élevait, en l'an VIII, au chiffre de soixante mille hommes, répartis, soit à l'Hôtel national, aux succursales et aux compagnies détachées, soit retirés chez eux avec une pension.

En l'an IX, le capital des domaines nationaux fut affecté à la dépense des succursales et, le 11 prairial de la même année, fut établie celle d'Avignon, destinée principalement aux soldats des pays méridionaux. Ces mesures, pourtant bien efficaces, restaient encore insuffisantes pour donner asile aux soldats infirmes ou estropiés. Aussi, en 1802, se vit-on forcé de restreindre les limites imposées comme conditions d'admission.

Une loi nouvelle, qui dut être et qui fut rigoureusement exécutée, n'admit que les soldats pensionnés, âgés de soixante ans au moins, blessés ou infirmes, et comptant trente années de service.

Le gouvernement, toujours favorable, d'ailleurs, aux vieux soldats autant qu'il pouvait l'être, accorda aux Invalides sortant par congé des feuilles de route, avec indemnité et 50 centimes par jour, pendant toute la durée de leur absence. Le général Berruyer, qui, comme ses prédécesseurs, avait toujours chaudement soutenu les intérêts de ses pensionnaires, mourut au milieu des tracas résultant de l'impossibilité où il était d'adoucir leur sort.

Il fut remplacé par le général de division Serrurier, vice-président du Sénat, qui, au 18 brumaire et depuis cette époque, avait donné à Napoléon les preuves les plus positives de son dévouement.

Cependant les événements se pressaient. Déjà la France demandait un chef qui donnât plus de dignité et de fixité au pouvoir. Les Invalides, que le premier consul allait toujours visiter au retour de ses campagnes, avaient été des premiers à dire que le moment était venu de mettre un terme aux tempêtes révolutionnaires et d'assurer l'avenir du pays. On pressentait dès lors ce qui allait arriver. En effet, le 18 mai 1804, le sénat décernait solennellement au premier consul le titre d'empereur des Français, avec hérédité dans la personne de ses frères Joseph et Louis.

On se demandait si, cette année comme les précédentes, on célébrerait l'anniversaire de la prise de la Bastille. L'opinion publique était vivement préoccupée de cette question. Elle s'agitait surtout aux Invalides, lorsque Napoléon voulant rattacher son avenir à son passé décida qu'il célébrerait aux Invalides la fête du 14 juillet.

Napoléon profita de cette solennité pour augmenter l'éclat de l'institution naissante de la Légion-d'Honneur. A midi, S. M. l'Empereur, au bruit des salves d'artillerie, quitta le palais des Tuileries, précédé du prince connétable et des maréchaux de l'empire, et suivi des grands officiers de la couronne, ainsi que des colonels-généraux de la garde. Déjà l'Impératrice, avec ses belles-sœurs et ses dames d'honneur, avait pris place dans une tribune préparée pour elle.

L'Empereur arriva aux Invalides au milieu d'une double haie de soldats et fut reçu à la grille par le général Serrurier, qui vint lui offrir les clefs de l'Hôtel, selon la coutume monarchique. Conduit processionnellement sous le dais par le cardinal archevêque de Paris, il prit place sur le trône impérial préparé sous le dôme, qui était rendu au culte catholique. Derrière l'Empereur étaient les colonels généraux de la garde, le gouverneur des Invalides et les grands officiers de la couronne. Les grands dignitaires occupaient les deux côtés et la seconde marche du trône. Les ministres étaient placés plus bas et à droite; à gauche, les maréchaux de l'empire; au pied des marches, le grand-maître, le grand-chancelier et le grand-trésorier de la Légion-d'Honneur. Les aides-de-camp de l'Empereur étaient debout, formant la haie. Derrière l'autel s'élevait un immense amphithéâtre où étaient rangés six cents Invalides et deux cents élèves de l'école Polytechnique. Toute la nef était occupée par les grands officiers, commandants, officiers et membres de la Légion-d'Honneur.

Lorsque la messe, célébrée par le cardinal légat, fut terminée, le grand-chancelier de la Légion-d'Honneur prononça un discours dans lequel il indiqua le but de l'institution de la Légion-d'Honneur. Puis, les grands-officiers de la Légion appelés au pied du trône s'approchèrent et prêtèrent le serment prescrit.

Alors l'empereur s'adressant aux commandants, officiers et légionnaires, prononça les paroles suivantes : « Commandants, officiers, légionnaires, citoyens et soldats, vous jurez sur votre honneur de vous dévouer au service de l'empire et à la conservation de son territoire, dans son intégrité, à la défense de l'empereur, des lois du pays, et des propriétés qu'elles ont consacrées; de combattre, par tous les moyens que la justice, la raison et les lois autorisent, toute entreprise qui tendrait à rétablir le régime féodal; enfin, vous jurez de concourir de tout votre pouvoir au maintien de la liberté et de l'égalité, base première de nos constitutions. Vous le jurez ! »

Tous les membres de la Légion, debout, la main levée, répétèrent à la fois : *Je le jure!* Alors les cris de *Vive l'empereur!* retentirent de toutes parts.

Après la cérémonie religieuse, les décorations de la Légion-d'Honneur furent déposées au pied du trône, dans des bassins d'or. Le grand-maître des cérémonies, M. de Ségur, prit les deux décorations de l'Ordre et les remit à M. de Talleyrand, grand-chambellan. Celui-ci les présenta au prince Louis, qui les attacha à l'habit de l'empereur.

Sa Majesté remit ensuite elle-même les décorations de tous grades à ceux qui étaient désignés pour les recevoir. Parmi eux se trouvaient des vétérans couverts de cicatrices, mutilés au champ d'honneur. Napoléon en interrogea plusieurs avec bienveillance et intérêt, particulièrement d'anciens soldats des armées d'Italie et d'Egypte qu'il reconnut.

Un *Te Deum*, de la composition de Lesueur, termina cette fête religieuse et guerrière, dont l'imposante majesté avait frappé tous les assistants. Sous l'influence de si nobles prestiges, entraînés par les impressions d'un si grand spectacle, comment les esprits auraient-ils pu résister à l'ascendant du génie, qui, en couronnant les talents, le mérite et les vertus, dans l'enceinte de ce temple majestueux redevenu chrétien, plaçait le culte de la gloire immédiatement après celui de la Divinité!

Cette magnifique cérémonie était à peine terminée que, le 15 août, les portes du dôme s'ouvrirent de nouveau au cortége impérial, à l'occasion d'un *Te Deum* solennel, chanté en l'honneur de la nouvelle impératrice.

L'année suivante, il recevait sous son imposante voûte le chef de la catholicité, qui venait couronner le César français. Pie VII, pendant l'hospitalité forcée qu'il recevait du nouvel empereur, avait témoigné le désir de visiter les Invalides. Amené à l'Hôtel dans les voitures impériales, au commencement de l'année 1805, le pape se rendit d'abord à l'église du dôme, où il s'agenouilla religieusement. Il témoigna ensuite, en admirant la magnificence de l'édifice, combien il était heureux de le voir rendu au culte catholique. Le Saint-Père visita les infirmeries et donna sa bénédiction aux soldats malades, qui la reçurent dans un silence respectueux et recueilli. Il ne se retira qu'après s'être entretenu longtemps avec le maréchal Serrurier. Les Invalides conservèrent longtemps le souvenir de la visite du vénérable Pontife.

Le 24 février 1806, le prince royal de Bavière se rendit aussi à l'Hôtel. Le prince de Bade, accompagné du prince Louis Bonaparte, y vint à son tour le 10 mars suivant.

Tous les regards étaient fixés, à cette époque, sur l'empereur Napoléon. L'Europe entière n'entendait prononcer son nom qu'avec terreur et admiration. On sait quels lauriers couronnaient alors les efforts de nos armées. Napoléon méditait d'en consacrer la mémoire par un monument élevé à la gloire de nos soldats, et d'y déposer, comme dans un sanctuaire, les trophées pris sur l'ennemi. Grande pensée, digne de celui qui la concevait. En attendant, il ordonna que les trophées conquis sur la Prusse fussent déposés dans l'ancien temple de Mars.

L'épée avec laquelle le grand Frédéric avait vaincu les généraux de Louis XV et de Marie-Thérèse, dut donc être transportée aux Invalides, ainsi que de nombreux drapeaux. Ce fut l'occasion d'une nouvelle fête, dans laquelle se manifestèrent avec plus d'enthousiasme que jamais, les sentiments de reconnaissance et d'admiration pour nos armées et pour le chef qui les avait si souvent conduites à la victoire.

Au jour fixé pour cette cérémonie, une foule immense occupait la place du Carrousel et toutes les avenues des Tuileries. A midi eut lieu le départ du magnifique cortége, en tête duquel on remarquait les voitures des grands officiers de la Légion-d'Honneur, celles des ministres et de l'archi-trésorier.

Puis venait un char triomphal qui portait deux cent quarante drapeaux pris sur l'ennemi.

Derrière ce char chargé de si nobles dépouilles s'avançait, à cheval, le brave Moncey, entouré de ses aides-de-camp, portant l'épée du grand Frédéric.

La voiture dans laquelle se trouvait l'archi-chancelier Cambacérès, président de cette cérémonie, terminait ce cortége accueilli, pendant tout le trajet, par le plus vif enthousiasme de la foule.

Tous les Invalides étaient sous les armes. L'église du dôme, splendidement décorée, était déjà remplie des spectateurs du plus haut rang.

Le maréchal Serrurier, à la tête de son état-major, introduisit le cortége. De vieux Invalides, dont les blessures attestaient le courage, reçurent les drapeaux et eurent l'honneur de les transporter sous le dôme.

Le fauteuil de l'empereur resta vide. Les princes et les grands dignitaires occupèrent des siéges sur les marches du trône, comme si l'Empereur l'occupait.

Moncey prit place au centre, entouré de faisceaux formés par les drapeaux ennemis. Les officiers invalides se pressaient dans l'enceinte.

La cérémonie commença par un chant de triomphe dont les paroles étaient rehaussées par une admirable musique.

M. de Fontanes, président du Corps Législatif, prononça ensuite un discours de la plus haute éloquence qui fit un grand effet. Nous en extrayons les passages les plus remarquables :

« Jamais, dit M. de Fontanes, une plus noble fête ne fut donnée par la victoire, et jamais la fortune n'offrit en même temps un plus mémorable exemple de ses catastrophes et de ses jeux. O vanité des jugements humains! O courtes et fausses prospérités! Toutes les voix de la renommée célébrèrent, cinquante ans, la gloire de la monarchie prussienne... Vingt ans se sont passés, et, dès le premier choc, ce gouvernement où l'on trouvait plutôt une armée qu'un peuple, a laissé voir sa faiblesse véritable. Une seule bataille a fait succomber ces phalanges tant de fois victorieuses qui, dans la guerre de Sept Ans, avaient surmonté les efforts de l'Autriche, de la Russie et de la France conjurées... Jouissons d'un si grand triomphe, mais honorons, après les avoir conquis, ces restes de la grandeur prussienne, où sont encore empreints tant de souvenirs héroïques, et sur lesquels semble gémir l'ombre de Frédéric-le-Grand.

« Lorsque autrefois, dans cette ville maîtresse du monde, un illustre Romain venait suspendre aux murs du Capitole les dépouilles du royaume de Macédoine, il ne put se défendre d'une profonde émotion en songeant aux exploits d'Alexandre et en contemplant les calamités répandues sur sa maison. Le héros de la France n'a pas été moins attendri quand il est entré dans ces palais tristes et déserts que remplissait autrefois de tant d'éclat le héros de la Prusse. On l'a vu saisir avec un généreux enthousiasme cette épée dont il fait un si noble don à ses vétérans; mais il a défendu que les armes et les aigles prussiennes, que tout cet amas de trophées conquis sur les descendants d'un grand roi, traversât les lieux où sa cendre repose, de peur d'affliger ses mânes et d'insulter son tombeau.

« Je crois donc entrer dans la pensée du vainqueur, en rendant hommage aux vaincus devant ces drapeaux mêmes qu'ils n'ont pu défendre, mais qu'ils ont teint d'un sang glorieux. Si, des régions élevées qu'ils habitent, les grands hommes que la terre a perdus s'intéressent encore aux choses humaines, Frédéric a pu reconnaître, jusque dans leurs derniers soupirs, les vieux compagnons formés à son école, et morts dignement sur les ruines de la monarchie...

« Ce n'est point assez de vaincre, pour nos invincibles légions; elles veulent encore, avec une magnanimité vraiment française, effacer jusqu'au souvenir des défaites de leurs maîtres. Après avoir repris, dans les arsenaux de l'Autriche, l'armure de François Ier, captif à Pavie, elles ramènent à Paris cette colonne injurieuse qui s'élevait à Rosback, et font ainsi du monument de nos revers un nouveau monument de nos triomphes.

« Quelques-uns des braves vétérans qui m'écoutent ont

8

peut-être vu cette fatale journée où le talent des généraux n'a pas secondé la valeur des soldats. Ils se consoleront de leur défaite en attachant l'épée de leur vainqueur aux voûtes de ce temple. Cette épée reposera sous leur garde, à côté du tombeau de Turenne, et quelquefois, la contemplant avec une joie mêlée de respect, ils se diront : « Si elle a vaincu les pères, elle fut conquise par les enfants. »

Après ce discours, l'archi-chancelier remit entre les mains du gouverneur l'épée du grand Frédéric, que le maréchal Moncey lui présenta, ainsi que les décorations du monarque prussien.

Aux accords d'un chant triomphal, les grands dignitaires se retirèrent, suivis des Invalides, dont les acclamations enthousiastes les suivirent jusqu'aux limites de l'Hôtel.

On comprend combien de pareilles fêtes, qui se renouvelaient aux plus beaux succès de nos armées, rehaussaient la considération dont jouissait l'asile des vétérans.

Au retour de ses campagnes, l'Empereur, en venant voir l'armée des vieux serviteurs de l'État, ainsi qu'il l'appelait, consignait aux portes, à l'exemple de Louis XIV, les soldats de son escorte, et confiait sa garde à ses braves estropiés.

Le 11 février 1808, il vint visiter l'Hôtel pour y puiser lui-même des renseignements certains sur le décret organique qu'il méditait. Il était accompagné du grand duc de Berg et du prince de Neufchâtel. Son arrivée fut annoncée par des salves d'artillerie, et fut saluée par les acclamations des Invalides. Il se rendit à l'église, où il ordonna le rétablissement du maître-autel. Il dit, à cette occasion, que, aux yeux des vieux soldats, la religion, cette ressource des derniers jours, ne saurait être trop honorée. De là, il voulut voir la grande cuisine ; il y goûta les aliments, qu'il trouva convenables ; il parcourut ensuite les infirmeries, où il encouragea les blessés et promit d'améliorer leur position ; il passa dans la bibliothèque, où il indiqua de bons ouvrages qu'on aurait à se procurer; enfin il s'assit quelques instants dans la salle du conseil et y recueillit de la bouche du gouverneur divers renseignements sur lesquels il voulait être fixé. En quittant l'Hôtel, il laissa tous les pensionnaires profondément reconnaissants des marques si vives d'intérêt qu'il avait données à tous.

Peu de temps après, le 22 février, parut un décret portant que la dépense des bâtiments de l'Hôtel serait à la charge du ministère de la guerre. Un autre annonça que le cœur de Vauban, renfermé dans une urne cinéraire, serait déposé dans un monument érigé sous le dôme. Pendant cette cérémonie, qui ne tarda pas à avoir lieu, M. Lepelletier d'Aulnay, arrière-petit-fils de Vauban, alla prendre l'urne funéraire déposée sur une estrade et la remit entre les mains du ministre de la guerre. Puis, après la lecture du décret impérial, le maréchal gouverneur, à la garde duquel cette urne fut confiée, la déposa dans le mausolée.

Avant la fin de la même année, l'Hôtel fut visité le 21 novembre par le roi de Saxe, et, le 15 décembre, par le roi de Wurtemberg. Le roi de Bavière fut reçu à son tour par les Invalides, lo 10 janvier 1810.

Le 19 février suivant, un précieux dépôt, celui du cœur du duc de Montebello, enlevé par un boulet, le 22 avril 1809, à la bataille d'Essling, fut confié à la garde des vieux braves.

Le célèbre Larrey, médecin en chef des Invalides, fut chargé de remettre au maréchal Serrurier le vase contenant le cœur de l'illustre défunt. Ce fut une douloureuse et triste cérémonie, ainsi que celle qui eut lieu, quatre mois après, pour célébrer les obsèques du duc de Montebello. Ces funérailles, dont l'Empereur avait voulu faire seul les frais, pour honorer plus particulièrement son cher maréchal, furent magnifiques. L'oraison funèbre du duc de Montebello fut prononcée par l'abbé Raillon. Cet éloquent orateur chrétien fit ressortir avec talent, dans le maréchal Lannes, l'honnête homme, l'ami sincère et vrai du monarque. Il fit verser des larmes à l'auditoire quand il raconta sa mort et la douleur du monarque.

La dépouille mortelle du maréchal, ne devant pas rester à l'Hôtel, fut portée par des grenadiers jusqu'au char funèbre et transférée au Panthéon au bruit des salves d'artillerie, dernier hommage rendu à ce grand capitaine !

L'Hôtel était devenu, comme on le voit, un sanctuaire consacré aux plus grandes illustrations militaires de la France. L'Empereur avait ainsi environné l'asile des vieux soldats d'une gloire toute nouvelle, qui convenait si bien à ce respectable lieu.

Le 11 mars 1811, parut le décret organique sur l'administration, la police et les dépenses de l'Hôtel, qui devint un des gouvernements les plus élevés de l'État. L'Empereur, par ce décret, assura plus que jamais l'existence de l'institution en la dotant magnifiquement et en l'asseyant sur les bases les plus solides. Toujours confié à la main digne et ferme du maréchal Serrurier, l'asile si renommé des vieux soldats vit s'ouvrir un avenir plus sûr encore de tranquillité et de gloire.

Ce décret ne changea pas les conditions d'admissibilité ; mais la solde accordée aux Invalides de divers grades fut modifiée.

Les colonels reçurent 30 fr. par mois ; les majors, 24 ; les chefs de bataillon, 20 ; les commandants de bataillon, 15 ; les capitaines, 10 ; les lieutenants titulaires, 8 ; les sergents-majors, 4 ; les sergents, caporaux et brigadiers, 3 ; les soldats, 2. Les anciennes distinctions entre les officiers, les sous-officiers et les soldats, abolies par la loi de 1792, furent rétablies. Les officiers furent nourris séparément et furent servis dans un magnifique service d'argenterie, aux armes impériales, qui leur fut offert par la nouvelle impératrice.

Une dotation spéciale fut affectée au service de l'Hôtel. Elle se composait principalement :

1° De la retenue de 2 pour 100 prescrite sur les appointements des officiers et employés, sur les soldes de réforme, de retraite, pensions de veuves, pensions civiles, et toutes autres au-dessus de 500 fr.;

2° D'une retenue, également de 2 pour 100, sur les traitements et pensions accordés par la Légion-d'Honneur et l'Ordre des Trois-Toisons;

3° D'une retenue de 1 pour 100 sur les actions et revenus des communes de l'empire, etc., etc.

Cette magnifique dotation produisit une rente annuelle de six millions à peu près.

Les dépenses de l'Hôtel ne figurèrent plus au budget de la guerre.

L'administration fut aussi modifiée. Le décret créa deux états-majors : l'un, général, ayant à sa tête le gouverneur; l'autre, particulier, dont le chef le plus élevé était le commandant militaire.

Le conseil d'administration, qui devait se rassembler au moins une fois par mois, se composa : de quatre sénateurs désignés par l'Empereur, du gouverneur, de l'intendant, du commandant et du commissaire des guerres.

Trois aumôniers furent chargés du service religieux.

Le service de santé reçut une augmentation considérable de personnel. Les appointements de chaque sœur de charité furent portés à 200 fr.

L'uniforme fut aussi modifié. Il se composa de : habit de drap bleu, sans revers, avec un collet droit de même couleur, parements de drap rouge, poches en patte, boutons timbrés d'un aigle avec ces mots : HÔTEL IMPÉRIAL DES INVALIDES; veste de drap bleu; culotte de drap bleu pour les officiers, de tricot pour les soldats; chapeaux à trois cornes, ornés d'une ganse blanche et d'une cocarde. — L'habit, la veste, l'épaulette et le chapeau devaient être renouvelés tous les deux ans.

Le plus beau rêve de l'Empereur était alors bien près de se réaliser. La jeune impératrice, Marie-Louise, allait lui donner un héritier, dont la naissance fut saluée par cent-vingtet-un coups de canon. Ce fut un jour de fête, surtout aux Invalides, qui célébrèrent avec bonheur, le 8 et le 9 juin 1811, le baptême de cet empereur présomptif.

A cette occasion, les Invalides demandèrent unanimement au maréchal Serrurier d'être, auprès de Leurs Majestés, l'interprète des félicitations des vieux soldats.

Mais des temps moins heureux allaient succéder à ces années de gloire et de splendeur. Le canon des Invalides, après avoir annoncé tant de victoires, devait garder un lugubre silence. 1812, en effet, apporta bientôt des douleurs inconnues à des troupes accoutumées aux plus brillants succès. Quelques-uns des vieux soldats de l'Hôtel avaient, dit-on, pressenti et annoncé les désastres de la campagne de Russie.

L'arrivée des blessés et des impotents, dont plusieurs rapportaient encore des drapeaux et des étendards, dernière preuve de leur lutte héroïque, ne confirma que trop ces sombres prévisions, devenues, en quelque sorte, une légende dans l'Hôtel. Les Invalides reçurent avec une vénération douloureuse ces glorieux trophées si chèrement achetés. Ils accueillirent avec le plus sympathique dévouement les estropiés de la Bérésina, dont la rigueur du climat avait tant augmenté le nombre. Tout était deuil et tristesse à l'Hôtel.

Au commencement de 1813, les restes mortels de plusieurs officiers généraux tués en combattant vaillamment furent confiés aux pensionnaires.

Le 13 février, le cœur de Baraguey-d'Hilliers, grand-aigle de la Légion-d'Honneur, fut déposé dans une des chapelles du dôme. Le lendemain, on reçut celui du général Éblé, et, le surlendemain, celui du comte Lariboissière.

Enfin, l'Empereur, dont le retour était attendu aux Invalides avec une fiévreuse impatience, dans l'espoir de trouver en lui un dernier sauveur, vint le 5 mars 1813 à l'Hôtel, où allait se passer sa dernière visite officielle.

Reçu à son arrivée par le maréchal Serrurier, à la tête de son état-major, il passa en revue ses vieux braves dans la cour d'honneur. Ceux-ci firent éclater en le voyant le plus vif enthousiasme, voulant ainsi le remercier de venir leur prouver que la Providence avait épargné ses jours si précieux pour la France.

L'empereur distribua plusieurs décorations à ceux qui s'étaient le plus distingués par leurs actions d'éclats et leur parla avec une bonté toute paternelle.

Il accorda des dotations de sixième classe à ceux qui, à la guerre, avaient perdu deux membres. Il augmenta en même temps de 4,000 fr. la pension du général d'Arnaud, commandant de l'Hôtel, et donna le titre de baron de l'empire au colonel Cazaux, qui remplissait les fonctions de major.

A l'infirmerie, qu'il visita en détail, il s'entretint avec quatre centenaires, qui s'étaient trouvés à la journée de Fontenoy. Il se rendit aussi aux cuisines et aux boulangeries.

L'Empereur entendit ensuite un *Te Deum* dans l'église du dôme. Puis, au moment de son départ, les Invalides, poussés peut-être par de sombres pressentiments, l'entourèrent une dernière fois en l'acclamant plus vivement que jamais. Napoléon, comprenant instinctivement les pensées de ses vieux braves, leur adressa, en les quittant, de chaleureuses et entraînantes paroles dont les pensionnaires de l'Hôtel conservèrent religieusement le souvenir.

Telle fut la dernière visite de l'Empereur aux Invalides, visite sympathique et triste comme l'étaient alors les sentiments des vieux soldats, car ils avaient peur de l'avenir. En effet, Napoléon allait se mesurer encore contre une coalition puissante et terrible.

L'armée française, victorieuse à Lutzen et à Bautzen, se voit cependant obligée de céder le terrain aux étrangers qui font irruption sur la France.

En vain, à Champaubert, à Montmirail, à Montereau, etc., l'ardeur de nos troupes et le génie de l'Empereur ramènent-ils momentanément la victoire ; l'avalanche ennemie s'avance jusque sous les murs de la capitale.

A ce moment suprême, les Invalides en état de soutenir encore une arme vont offrir leurs services et leur vie au brave maréchal Moncey, commandant la garde nationale de Paris. Ni leur héroïque dévouement, ni l'intrépidité des soldats improvisés en ces jours décisifs, n'arrête les troupes étrangères, qui vont bivouaquer aux portes mêmes de l'ancien temple de Mars.

Les moyens de résistance dont pouvait disposer le maréchal Serrurier, aux Invalides, ne lui permettaient pas de songer sérieusement à défendre l'entrée de l'Hôtel contre toute une armée ; aussi, comme le raconte M. Cayla, quand le major Cazaux vint lui dire que ses vieux braves étaient déterminés à se faire tuer jusqu'au dernier, Serrurier, en serrant de sa main crispée la poignée de son épée, ne put s'empêcher de le rappeler à l'inutilité d'une pareille défense.

« — Et les soldats viendront souiller cet asile du courage français, continua Cazaux, ils enlèveront nos trophées !

« — Non, répondit Serrurier, ils n'auront pas les drapeaux que nous leur avons enlevés.

« — Comment pourrons-nous les sauver ? fit le major. Connaissez-vous un lieu sûr pour les déposer ? quelqu'un à qui les confier ?..

« — Non. Si nous pouvions les sauver au prix de tout notre sang !.. Puis, il ajouta d'une voix brève : Suivez-moi, major ; ils ne les auront pas, leurs drapeaux ! »

Serrurier entraîna Cazaux vers l'église du dôme où ils trouvèrent d'Arnaud, préoccupé comme eux de trouver un moyen de sauver les souvenirs de nos victoires.

« Qu'on réunisse ces drapeaux, s'écria Serrurier ; qu'on en fasse un tas et qu'on y mette le feu ! »

Cette résolution extrême, cet acte de désespoir, fut compris et exécuté en quelques minutes. On dressa le bûcher, et aussitôt commença l'incendie le plus glorieux qui ait jamais été allumé ; on jeta dans les flammes les drapeaux prussiens, autrichiens, espagnols, portugais, moscovites, et mille autres trophées pris aux ennemis de la France. Les officiers, les Invalides activaient le feu, soulevaient les étendards pour que la flamme n'en laissât pas un lambeau.

« Ainsi disparaissent en fumée et en cendres gloire militaire, brillants faits d'armes, souvenirs des conquêtes ! s'écria un Invalide amputé d'un bras et d'une jambe : il n'y a d'éternel que l'amour de la patrie et de la liberté ! »

Les étrangers furent probablement instruits de l'hécatombe qu'avait fait exécuter le gouverneur ; car ils respectèrent l'Hôtel des Invalides et ne réclamèrent pas leurs drapeaux.

Peut-être aussi, la majesté de l'édifice, la grandeur de l'institution, les souvenirs glorieux qui s'abritaient sous le dôme suffirent-ils pour imprimer le respect et l'admiration aux étrangers campés sur l'Esplanade et au Champ-de-Mars. Les Invalides d'Avignon furent moins heureux : des bandes fanatiques pénétrèrent dans la succursale, frappèrent de vieux soldats estropiés, en tuèrent même quelques-uns.

A la même époque, les Invalides de la succursale de Louvain furent dirigés sur Arras, sous la conduite de leur commandant Expert de Sibra, qui ne voulut pas quitter un instant ses chers pensionnaires. Ces braves soldats, impotents et mutilés, obligés de quitter leur tranquille retraite, offraient un triste et douloureux spectacle aux populations qu'ils traversaient, et qui leur témoignaient toute leur sympathie.

Quant aux vestiges du douloureux bûcher allumé à l'Hôtel des Invalides, vestiges qui avaient été jetés à la Seine, tout ce qui a pu en être retrouvé est conservé religieusement dans les archives de l'Hôtel.

Les événements se succédaient rapidement à cette époque. La fortune du grand homme l'avait abandonné. Malheureux, trahi, il abdiquait à Fontainebleau.

La première Restauration, tout en se montrant favorable à l'institution des Invalides, ne pouvait s'empêcher de regarder, à juste titre, les pensionnaires comme chauds partisans du régime déchu. Aussi ne doit-on pas être surpris si les mesures qu'elle adopta relativement aux habitants de l'Hôtel dénotent envers eux un certain état de suspicion.

Dans l'ordonnance rendue le 12 septembre 1814, il est dit que la Révolution et l'Empire ont détourné de son but l'institution de Louis XIV; que les vieux soldats, au lieu de trouver à l'Hôtel la tranquillité et les secours de la religion, n'y rencontrent que des propagateurs de funestes doctrines. Le gouvernement s'engage à réorganiser, dans le plus bref délai, l'administration de l'Hôtel, à publier un nouveau règlement; il invite en même temps ceux des Invalides qui, d'après le traité du 30 mai, ne sont plus sujets de la France, à rentrer dans leur pays. Un délai de trois mois est accordé aux Invalides qui voudront se retirer avec une retraite plus forte que celle assignée par les règlements antérieurs.

Cette ordonnance confirmait d'ailleurs toutes les concessions faites à l'Hôtel; elle fondait une caisse unique pour les Invalides, les Écoles royales militaires et l'Ordre de Saint-Louis, caisse dont la somme totale s'élevait à 10 millions de francs; elle ordonnait la dissolution des succursales. Celle d'Avignon fut seule conservée.

Elle excluait de l'Hôtel les Belges, les Italiens, les Espagnols, les Polonais qui avaient été mutilés au service de la France. Cette dernière mesure excita parmi les Invalides un vif mécontentement que le maréchal Serrurier eut beaucoup de peine à comprimer.

Tout-à-coup on apprit que Louis XVIII venait de quitter la capitale et que Napoléon, débarqué de l'île d'Elbe, marchait sur Paris, en voyant augmenter à chaque pas, sur sa route, le nombre de ses partisans.

Les Invalides saluèrent avec des cris de joie le retour de l'Empereur qui, pendant ce court règne de cent jours, n'eut pas le temps de visiter ses vieux soldats.

Cependant la coalition se relevait déjà contre lui menaçante et terrible. Une victoire décisive pouvait seule le maintenir sur le trône. Ses suprêmes efforts furent inutiles, et, le 18 juin 1815, vit tomber, à Waterloo, la couronne impériale du front de celui qui, confiant dans la foi britannique, voguait, peu de jours après, captif à bord du *Bellérophon* vers le sombre rocher de Sainte-Hélène.

Les Invalides pleurèrent sur le désastre de Waterloo, et révérèrent toujours la mémoire de l'Empereur à la mort duquel ils ne crurent véritablement qu'après la grande cérémonie de 1841.

# CHAPITRE IV

A la seconde restauration, les portes de l'Hôtel s'ouvrirent aux mutilés de Waterloo, dont l'arrivée causa une vive émotion parmi leurs vieux camarades. En même temps, on vit arriver de divers points de l'Europe des blessés venant d'Espagne, d'Italie, de Russie et d'Allemagne. L'Hôtel se trouva momentanément encombré ; mais le descendant de Louis XIV, une fois assis solidement sur le trône de ses ancêtres, ne pouvait persécuter les débris de ces armées qui, sous Napoléon, avaient porté si haut la gloire de la France ; aussi fit-il généreusement admettre aux Invalides tous ceux qui étaient le plus grièvement blessés.

Louis XVIII avait sagement résisté aux obsessions des anciens émigrés les plus fanatiques qui lui demandaient l'épuration de l'Hôtel ; mais il céda à leurs instances en ce qui concernait le renvoi du gouverneur Serrurier. Ce digne maréchal, après avoir donné tant de gages de son attachement à ses vieux pensionnaires, se vit obligé de se séparer d'eux. Ce fut un véritable jour de deuil à l'Hôtel.

Pour ne pas donner lieu à des démonstrations trop sympathiques, qui auraient pu être mal interprétées, le maréchal, le cœur serré, partit à l'improviste, sans faire ses adieux à ses chers Invalides.

Serrurier avait reçu, le 18 mai 1804, le bâton de maréchal, et, le 14 juin de la même année, la croix de grand officier de la Légion-d'Honneur, ainsi que le titre de comte. Son dévouement si connu à l'empereur expliquait naturellement, d'ailleurs, la disgrâce qui le frappait.

Le roi lui donna pour successeur le duc de Coigny, illustration nobiliaire et militaire à la fois. Sa nomination fut loin d'être accueillie avec sympathie à l'Hôtel, où le nouveau gouverneur sut cependant bientôt s'attirer l'estime de ses subordonnés, en respectant toujours et en honorant les courages qu'il avait autrefois combattus, en défendant les priviléges de l'Hôtel et en montrant envers chacun une impartiale bienveillance.

Le conseil de l'Hôtel, assemblé par ordonnance du ministre de la guerre, procéda à sa réception, le 27 janvier 1816.

Ce fut pendant son gouvernement que parurent les ordonnances portant augmentation de la dotation des Invalides et le rétablissement de l'intendance. L'aigle impériale fut rem-

placée par la fleur de lis, et la cocarde tricolore par la cocarde blanche. Le costume ne fut, du reste, pas autrement
modifié. Le conseil d'administration fut complétement réor-
ganisé ; on nomma un administrateur-comptable de l'Hôtel et
des succursales, un trésorier et un secrétaire général archiviste. — Ces ordonnances témoignent, de la part du gouvernement, une véritable sollicitude pour les vieux soldats.
Elles étaient dues, en grande partie, au duc de Feltre et à
Gouvion-Saint-Cyr, qui, en se succédant au ministère,
avaient vivement engagé le roi à adopter ces sages mesures.

Parmi les événements remarquables pour l'Hôtel, à cette
époque, nous citerons la visite faite, en mars 1817, aux Invalides, par le comte d'Artois accompagné de son fils, le duc
d'Angoulême.

Cette visite, dont le but politique était de rallier au gouvernement les soldats de l'Empire, réussit autant qu'on pouvait l'espérer. Les paroles bienveillantes du prince, l'intérêt
qu'il témoigna aux pensionnaires, dissipèrent en grande partie leurs préventions. Le comte d'Artois, avec ses affables
et chevaleresques manières, était mieux à même que tout
autre de remplir dignement cette mission à laquelle le roi
Louis XVIII était peu disposé, en ce qui le concernait.

Peu de temps après, le 31 mai de la même année, l'infant
d'Espagne voulut voir aussi les soldats qui avaient disputé
la couronne aux successeurs de Philippe V. Il fut reçu par
le duc de Coigny qu'il connaissait d'une manière particulière.

A la mort du duc de Berry, arrivée le 13 février 1821, les
Invalides prirent le deuil. Un service funèbre fut célébré
avec grande pompe dans l'église du dôme.

L'Hôtel perdit peu de temps après, le 19 mai 1821, son
gouverneur, le duc de Coigny, qui était fort avancé en âge
et dont les fatigues inséparables de ses nouvelles fonctions
avaient hâté la mort.

Il fut sincèrement regretté par les Invalides, dont il avait su se faire aimer et apprécier, malgré les dispositions défavorables qu'il avait trouvées chez eux en arrivant à l'Hôtel.

Le comte de Rosambo, chargé de prononcer son éloge funèbre à la Chambre des Pairs, ne fit que lui rendre justice en disant que le dernier gouverneur des Invalides avait été noble sans orgueil, affable avec dignité, indulgent par caractère, sévère quand le devoir l'exigeait.

Vers la même époque, les journaux annoncèrent la mort de Napoléon sur le rocher de Sainte-Hélène. Cette nouvelle fit vibrer fortement, dans le cœur des Invalides, le souvenir du grand homme, bien qu'ils ne voulussent pas croire à la réalité de cet événement.

Du 19 mai au 30 décembre 1821, le comte de Lussac, ancien chef de la succursale d'Avignon, exerça par intérim les fonctions de gouverneur. Il avait succédé au général Darnaud comme commandant de l'Hôtel, et avait épousé l'héroïque mademoiselle de Sombreuil, dont le cœur fut conservé comme une précieuse relique à la succursale,

Pendant cet intérim eut lieu, sous le dôme de Saint-Louis, un pompeux service funèbre pour le prince de Talleyrand-Périgord. Ce service avait été précédé, peu auparavant, des obsèques du duc de Coigny.

Le comte de Lussac ordonna, le premier, que des députations d'Invalides se rendraient aux Tuileries, le 1er janvier, le jour de la fête du roi, et dans les autres circonstances solennelles.

Le 30 décembre 1821, le marquis de Latour-Maubourg, nommé gouverneur le 12 août précédent, prit possession de ses fonctions. — Ancien compagnon d'armes du duc de Bellune à la bataille de Mérida, il avait vu les vétérans de l'Hôtel sur un grand nombre de champs de bataille de l'Empire où il s'était signalé. Il avait eu une cuisse emportée par un boulet à la bataille de Wachau.

Son arrivée fut accueillie avec bonheur par les pensionnaires. Ils furent reconnaissants envers le gouvernement du choix qu'il avait fait pour eux d'un chef glorieusement mutilé, dont la réputation militaire avait grandi en partageant leurs dangers.

On ne saurait trop louer l'activité et l'impartialité qu'il montra sans cesse, durant les neuf années pendant lesquelles il exerça cet honorable commandement.

Il voulait tout voir par lui-même, veillait à ce qu'aucune injustice ne fût commise, et écoutait avec bonté les demandes ou les justes réclamations des vieux soldats placés sous ses ordres.

En même temps que Latour-Maubourg prodiguait ses soins à ses chers pensionnaires, il s'efforçait de les réhabiliter dans l'esprit du roi et des princes. Grâce à son intervention dévouée, le délaissement dans lequel les faveurs de la cour laissaient l'Hôtel eut un terme, et les princes recommencèrent à s'y montrer.

Le duc d'Angoulême y vint pour la seconde fois le 17 janvier 1822. Le comte d'Artois s'y rendit aussi le 23 mai. Son arrivée fut saluée par l'artillerie de l'esplanade et par le bon accueil des vieux soldats.

Le 10 juin de la même année, Louis XVIII, cédant aux sollicitations du duc de Bellune et du gouverneur, se décida à franchir le seuil de l'Hôtel qu'on lui avait représenté si longtemps comme un repaire d'ennemis de sa dynastie. Six salves d'artillerie l'accueillirent à son entrée. C'est alors que commença la royale visite dont le procès-verbal officiel rend compte en ces termes :

« Le roi est arrivé aujourd'hui, 10 juin, à deux heures, à l'Hôtel, et, à son entrée, Sa Majesté a trouvé réunis tous les fonctionnaires de l'établissement, ayant à leur tête le gouverneur, qui a eu l'honneur de la complimenter en ces termes :

« Sire, j'ai l'honneur de présenter à Votre Majesté les chefs « de l'Hôtel royal des Invalides, de cet asile plein des souvenirs « de votre auguste famille, et dans lequel, depuis Louis XIV, « les services rendus au roi et à la patrie trouvent la plus « honorable récompense.

« Les rois, vos prédécesseurs, comme Votre Majesté le fait
« aujourd'hui, ont daigné s'assurer eux-mêmes que leurs in-
« tentions bienfaisantes étaient remplies. Vos militaires inva-
« lides, Sire, attendaient avec une vive impatience le bon-
« heur que Votre Majesté daigne leur procurer.

« Le roi verra, par la reconnaissance dont tout ce qui est
« ici est pénétré, le dévouement de ses vieux guerriers pour
« Votre Majesté et les Bourbons. Ces sentiments, transmis
« d'âge en âge, se sont accrus, s'il est possible, par les bien-
« faits du roi, et vont se fortifier par la présence de l'auguste
« protecteur des vétérans de l'armée. »

« Reçu au bruit des plus vives acclamations, le roi s'est
rendu dans la cour d'honneur en passant devant le front des
deux lignes de tous les militaires invalides qui y étaient ras-
semblés...

« Le roi a ensuite pris la parole, et, d'une voix qui retentira
longtemps dans le cœur des vétérans de l'armée, Sa Majesté
leur a dit :

« Militaires invalides, mes braves camarades, je suis inva-
« lide aussi, et si j'en ai quelque regret aujourd'hui, c'est de
« ne pas mieux vous voir, c'est de ne pouvoir passer dans vos
« rangs ; mais je n'en éprouve pas moins un vif plaisir à me
« trouver au milieu de vous. »

« L'accent si énergique et si français que le roi avait mis à
prononcer ces paroles ont fait naître des cris unanimes d'enthousiasme et d'amour.

« On a ensuite apporté du pain, du bouillon et du vin, dont
le roi a bien voulu goûter.

« Sa Majesté, craignant que le vin qu'on lui apportait fût
du vin des officiers, a positivement insisté pour qu'on lui
donnât du vin des soldats, et elle a daigné boire à leur
santé...

« A trois heures un quart, le roi s'est retiré ; de nouvelles
acclamations l'ont suivi jusqu'aux portes de l'Hôtel. Six salves d'artillerie ont annoncé le départ de Sa Majesté. »

9

Avant de quitter l'Hôtel, le roi avait accordé, sur la demande du gouverneur, plusieurs décorations des ordres de Saint-Louis et de la Légion-d'Honneur à des militaires invalides et à des fonctionnaires de l'administration recommandables par d'anciens services, par des blessures graves, par leur zèle et leur dévouement.

Cette visite de Sa Majesté fut un grand événement dans l'Hôtel et produisit le meilleur effet sur les pensionnaires. Elle fut bientôt suivie de l'inauguration de la nouvelle statue équestre de Louis XIV sur la place des Victoires. Cette inauguration eut lieu le 25 août 1822, au milieu d'une foule nombreuse, dans laquelle on remarquait une députation de cent-cinquante Invalides. Les applaudissements de ces braves vétérans, au moment où l'on découvrait la statue, prouvèrent qu'ils sentaient véritablement la reconnaissance due par eux à leur bienfaiteur.

Pour donner plus de pompe à cette cérémonie, on y fit venir un centenaire, nommé *Huet*, qui avait vu la fin du règne de Louis XIV, et avait assisté, disait-on, à la première inauguration de la statue du grand monarque. Ce doyen de nos armées reçut, pendant la cérémonie, la croix de la Légion-d'Honneur, et fut admis sans formalités aux Invalides.

Plusieurs années s'écoulèrent sans qu'il se passât aucun événement important à l'Hôtel où l'on voyait arriver de jour en jour quelques vétérans de nos grandes guerres. La campagne de 1823 n'augmenta pas d'une manière sensible le nombre des pensionnaires.

En 1824, les Invalides prirent le deuil à l'occasion de la mort de Louis XVIII, dont le service funèbre fut célébré en l'église du dôme, le 16 septembre 1824.

Les braves estropiés étaient reconnaissants envers le roi de ce qu'il avait fait pour eux. Ils n'oubliaient pas non plus que c'était à lui qu'ils devaient la nomination de Latour-Maubourg, dont ils appréciaient chaque jour davantage la justice et la bonté.

Peu de jours après son avènement, le 19 octobre, Charles X, dont on se rappelait les deux bienveillantes visites, vint solennellement à l'Hôtel, accompagné du dauphin. Il fut accueilli d'une manière vraiment sympathique et le marquis de Latour-Maubourg put, avec raison, assurer le nouveau souverain du dévouement de ses vieux braves. Le roi répondit avec bonté. Il distribua des secours et des décorations.

Le dauphin s'entretint avec quelques soldats, qu'il reconnut pour avoir servi en Espagne. Chacun fut enchanté de l'affabilité de Charles X et de son fils.

Deux jours après, la duchesse de Berry vint à son tour. Elle examina tout en détail et laissa des marques de sa générosité à quelques veuves dont la position avait excité son intérêt.

Le 17 mai de l'année suivante, Sidi-Mahmoud, envoyé extraordinaire de Tunis, ayant entendu raconter les hauts faits de nos armées sous la République et l'Empire, voulut voir les vieux braves de cette époque et le prytanée qui les abritait. L'envoyé tunisien fut reçu par le marquis de Latour-Maubourg, qui, sur sa demande, lui présenta plusieurs aveugles et blessés des batailles des Pyramides, d'Alexandrie et du Mont-Thabor. Après les avoir regardés quelque temps avec un sentiment d'admiration mêlé de respect, Sidi-Mahmoud, se tournant vers Latour-Maubourg, s'écria : « Monsieur le gouverneur, je ne m'étonne pas qu'avec de pareils hommes Napoléon ait conquis l'Europe. »

Le 30 juillet 1825, la duchesse de Berry accompagna le prince de Salerne à l'Hôtel, où elle était déjà venue l'année précédente. Leurs Altesses Royales furent reçues par le ministre de la guerre et par le gouverneur. Elles montèrent au haut du dôme, d'où elles admirèrent le panorama mouvant qui se dessinait à leurs pieds. Pendant leur visite à l'Hôtel, le nommé Prévost, âgé de cent cinq ans, attira surtout leur attention. Il répondit avec une lucidité étonnante pour son âge aux questions diverses qui lui furent adressées, et reçut de la duchesse de Berry des marques de libéralité.

A l'époque du grand jubilé, en 1826, le clergé, qui commençait à exercer une grande influence dans les conseils du roi, l'engagea à aller faire ses stations aux Invalides.

« Descendant de saint Louis, disaient les missionnaires, c'est à vous qu'il est réservé de faire la conversion de tous ces impies. » Le roi céda à leurs instances et consentit à se présenter sous les voûtes de l'église Saint-Louis, non pas entouré de la majesté royale, mais en pénitent.

Charles X tint sa promesse. Le 4 avril, après avoir visité les églises de Saint-Roch, de l'Assomption et de Saint-Philippe du Roule, il se rendit aux Invalides, accompagné de monseigneur le dauphin et de madame la dauphine.

« Les officiers et soldats invalides, dit le compte-rendu de cette cérémonie, rangés dans la cour, saluèrent Sa Majesté à son arrivée par les cris redoublés de *Vive le roi !*

« Au haut du grand escalier, M. le curé de l'Hôtel ayant présenté à Sa Majesté l'eau bénite et l'encens, l'a complimentée, et le roi est monté processionnellement dans l'église du dôme. En s'avançant, ravi comme s'il était venu pour la première fois visiter ce temple sacré, il dit plusieurs fois : « Que cela est beau ! Que cela est grand ! Que cela est ma- « gnifique ! » On lui fit observer que c'était à la piété d'un grand roi, son aïeul, que la religion doit ce chef-d'œuvre envié et admiré par les étrangers.

« Le roi se plaça sur son prie-Dieu, ayant à ses côtés le dauphin et la dauphine.

« Les prières étant finies et M. le curé ayant donné sa bénédiction, le roi s'est rendu de l'église du dôme, en traversant l'église des Invalides, dans la cour royale, où il a passé en revue les militaires invalides qui y étaient rangés, ayant leurs chefs de division à leur tête.

« Sa Majesté daigna adresser la parole à plusieurs d'entre eux, et monseigneur le dauphin reconnut plusieurs des braves qui, sous sa conduite, ont fait la campagne d'Espagne.

« La revue étant terminée, le roi monta en voiture aux cris répétés de *Vive le roi!* et il sortit par la grille au nord de l'Hôtel.

« A son entrée et à sa sortie, le roi fut salué par vingt et un coups de canon.

« La population des quartiers environnants, rassemblée sur la promenade des Invalides, joignit ses vives acclamations pour saluer le roi à sa sortie.

« La garde royale et les gardes-du-corps avaient fait le service dans les trois autres églises ; les militaires invalides eurent seuls l'honneur de garder le roi, tant que Sa Majesté fut dans l'enceinte de l'Hôtel. »

Tel est le récit de cette cérémonie, qui fit date aux Invalides.

Le 9 du mois de mars, l'archevêque de Paris vint à l'Hôtel où, après avoir célébré la messe et fait l'instruction, il se rendit aux infirmeries, dont il visita toutes les salles, en adressant la parole à un grand nombre de malades. Il s'arrêta surtout auprès d'un vieux soldat dont l'état donnait de l'inquiétude, et que, par ses exhortations touchantes, il prépara au passage de la vie à l'éternité.

Le 9 avril de la même année, le nonce du pape et monseigneur le légat vinrent aussi voir le monument élevé par Louis XIV à ses braves estropiés. Après avoir contemplé l'église du dôme, monseigneur le légat prononça ces paroles :

« Jusqu'ici, je n'avais pris qu'une idée peu favorable des églises de Paris ; mais, après avoir vu le dôme des Invalides, je suis changé. Je n'oublierai point l'impression qu'a faite sur moi la vue de cet édifice royal. »

Le gouvernement, pour gagner complétement à sa cause les vieux soldats, décida que l'héritier présomptif de la couronne, le jeune duc de Bordeaux, irait, le 27 septembre, jour anniversaire de sa naissance, visiter l'Hôtel, entouré de ses gouverneurs et aides-de-camp. Son arrivée fut saluée par l'artillerie.

De 1826 à 1830, deux dépôts précieux furent confiés aux caveaux du dôme.

Le premier était le cœur de Kléber. Le marquis de Latour-Maubourg, son ancien aide-de-camp, accueillit avec bonheur et douleur à la fois, le 11 juillet 1829, ce glorieux dépôt.

Le second fut le corps du maréchal Gouvion-Saint-Cyr, qui reçut, le 5 avril 1830, une sépulture digne des services qu'il avait rendus à la France.

Deux mois après, le roi de Naples, dont le séjour à Paris donna lieu à ces fêtes où l'on put dire que l'on dansait sur un volcan, se rendit à l'Hôtel dont il visita toutes les parties importantes.

Depuis la guerre d'Espagne, les soldats atteints par le feu de l'ennemi en 1827, dans la guerre de Turquie, et ceux blessés en 1828, à la prise de Navarin, du château de Morée, etc., avaient trouvé un asile, les uns aux Invalides, les autres à la succursale d'Avignon.

Cependant le gouvernement, se croyant plus solidement établi que jamais, envoie une puissante armée pour châtier l'insulte faite au représentant de la France par les puissances barbaresques.

Bientôt Alger est obligé d'ouvrir ses portes devant nos vaillantes troupes, qui enregistrent dans leurs annales une victoire de plus. Le canon retentit pour annoncer ce beau succès.

Mais déjà l'émeute gronde dans Paris, qui voit s'écrouler en trois jours cette dynastie séculaire.

# CHAPITRE V

d'Obligado. — Funérailles de l'amiral Duperré. — Funérailles du maréchal Oudinot, duc de Reggio. — Le maréchal comte Molitor est nommé gouverneur. — Journées de février 1848.

La révolution de juillet n'amena aux Invalides aucun désordre. Ce ne fut pas sans une vive émotion que ces vétérans accueillirent le drapeau tricolore sous lequel ils avaient si longtemps et si glorieusement combattu. Leur adhésion au gouvernement nouveau fut entière et spontanée, mais empreinte du sentiment de dignité militaire que devaient éprouver de dignes soldats qui entendent prononcer la déchéance d'un membre de la dynastie du grand fondateur de cette institution. Les Invalides de la succursale suivirent l'exemple de la métropole. Là, comme dans l'intérieur de l'Hôtel, à Paris, tout se passa sans trouble et sans tumulte.

Cependant de nombreux avis avaient prévenu le gouverneur qu'il serait attaqué, le 28 juillet au soir, par les émeutiers. L'enlèvement par le peuple de deux postes d'infanterie placés, l'un au boulevard des Invalides, l'autre au Gros-Caillou, semblait devoir confirmer ces craintes. Les dispositions furent prises aussitôt pour résister à une attaque si elle se présentait. Tous les postes furent doublés, et un piquet de quatre-vingts Invalides, armés de fusils, se tint prêt à se porter partout où sa présence serait nécessaire. Heureusement ces précautions furent inutiles.

L'aspect du drapeau tricolore, inauguré le 29 juillet, calma la foule qu'irritait la présence prolongée du drapeau blanc. Dès cet instant, les vieux défenseurs de la patrie purent reprendre leur vie calme habituelle.

Observateur rigide de la religion du serment, le marquis de Latour-Maubourg, que tant de motifs d'ailleurs rattachaient à la légitimité, donna le même jour sa démission. Il fut remplacé par Jourdan, maréchal de France depuis 1804, un des plus glorieux soldats de la révolution.

La nomination de ce grand homme de guerre attestait la haute considération dont le gouvernement nouveau voulait entourer cette noble institution. Elle fut chaudement accueillie par les vieux soldats.

D'un autre côté, le maréchal Soult, nommé ministre de la guerre, assurait, par de sages mesures, les priviléges dont les pensionnaires avaient joui jusque-là.

Jourdan n'occupait que depuis quelques semaines ses hautes fonctions, quand il eut à recevoir les nouveaux trophées recueillis à la conquête d'Alger. Les drapeaux et étendards, au nombre de soixante-et-onze, furent apportés à l'Hôtel, le 16 septembre 1830, et placés sous le dôme avec tout l'éclat attaché à ces cérémonies.

Le 11 octobre de la même année, Louis-Philippe I$^{er}$ honora les Invalides de sa visite. Le roi se montra affable et populaire ; il se fit rendre compte en détail des divers services et de l'administration ; il accueillit avec bonté les demandes des vieux soldats, leur distribua plusieurs décorations, et se retira en laissant les habitants de l'Hôtel touchés de l'intérêt qu'il leur avait témoigné.

La reine Marie-Amélie vint aussi voir l'Hôtel en 1833. Sa Majesté sut y imprimer, comme partout, le souvenir de ses vertus. Elle intervint en faveur de quelques officiers qui s'étaient mis dans le cas d'être renvoyés, et qui se rendirent dignes, par la suite, de la faveur exceptionnelle dont ils furent l'objet en cette occasion.

Les ressources financières de l'Hôtel et son administration avaient déjà appelé l'attention du gouvernement, qui avait supprimé, à partir du 1$^{er}$ janvier 1832, les capitaux composant la dotation. Ces capitaux restèrent acquis au Trésor. A partir de cette année, les dépenses furent imputées sur les crédits législatifs et votées, chaque année, par les Chambres dans un chapitre du budget de la guerre.

Le costume, qui n'a pas changé depuis, sauf la légende et les emblèmes des boutons, fut modifié à cette époque. Nous en donnerons la description à la fin de cet ouvrage.

La maréchal Jourdan, dont les anciens travaux avaient altéré la santé, succomba, le 23 novembre 1833, à l'âge de soixante et onze ans. Ses funérailles furent célébrées avec grande pompe. Son corps fut déposé au milieu de ceux des guerriers illustres qui se sont succédé comme gouverneurs et dont les glorieux services contribuent si puissamment à placer l'institution des Invalides au rang qu'elle occupe dans l'opinion publique. Il n'eut pas immédiatement de successeur.

Le lieutenant général Fririon, commandant de l'Hôtel, fut chargé de l'intérim qu'il exerça jusqu'à l'entrée en fonctions du maréchal Moncey.

Pendant cet intérim, il fut vivement question de supprimer la haute dignité de gouverneur. Cette mesure devait, disait-on, compléter les économies que, depuis 1830, on avait opérées dans le personnel de cet établissement.

Plusieurs membres de la Chambre des députés prétendaient qu'un général commandant suffisait pour remplir dignement ces fonctions. La discussion à ce sujet fut assez vive, et il fallut, de la part du gouvernement, pour l'emporter, une défense habile à laquelle prirent part MM. Liadières, Jaubert et Dupin aîné, président.

L'illustre maréchal Moncey, qui était déjà nommé depuis quelque temps, entra définitivement dans l'exercice de ses fonctions.

La carrière militaire du duc de Conégliano assurait au prytanée des vieux soldats un nouvel éclat.

Le maréchal Moncey, que la voix unanime de l'armée désignait pour ce poste éminent, réunit, le 5 août 1835, les vétérans pour assister au service funèbre qui allait être célébré sous le dôme pour honorer la mémoire des victimes de l'attentat Fieschi arrivé, le 28 juillet précédent, sur le boulevard du Temple.

On sait que le maréchal Mortier, épargné tant de fois par le feu de l'ennemi, avait succombé sous le plomb meurtrier de ce régicide. Il figurait en tête de ces innocentes victimes dont les cendres reposent dans des caveaux particuliers pratiqués sous le dôme de Mansard.

Le 8 août 1836, le roi de Naples accompagné du prince de Salerne et du duc de Nemours, visita les Invalides.

Le 18 du même mois, on reçut à l'Hôtel, sept drapeaux ou étendards pris sur Abd-el-Kader, par le maréchal Bugeaud, au combat de la Sickak.

Le 8 juillet 1837, le duc et la duchesse d'Orléans se rendirent aussi à l'Hôtel.

Un service funèbre y fut célébré, le 5 décembre de la même année, en l'honneur du lieutenant général comte Damrémont, emporté par un boulet de canon à la prise de Constantine. La présence des princes, qui voulurent donner ainsi un témoignage public d'estime au guerrier mort si glorieusement pour la France, rehaussa encore la grandeur de cette cérémonie.

Le 20 janvier 1839, trois pavillons du fort de Saint-Jean-d'Ulloa, enlevés par le vice-amiral Baudin et apportés en France par le prince de Joinville, vinrent augmenter nos trophées dont le nombre s'accrut aussi, le 3 avril 1840, de douze drapeaux enlevés aux Arabes, par le maréchal Valée, au combat d'Otter-Halley.

Le 8 octobre 1840, le lieutenant général baron Petit, pair de France, était venu prendre le commandement militaire de l'Hôtel royal des Invalides. Sans entrer ici dans aucun détail sur ses beaux services, nous rappellerons les adieux déchirants dans lesquels il reçut, à Fontainebleau, pour l'armée entière, les derniers embrassements de l'empereur. Il venait d'être nommé à ce poste honorable, quand on reçut à l'Hôtel quarante-huit drapeaux pris sur l'ennemi, à Austerlitz, et le chapeau que l'empereur portait à la bataille d'Eylau. La cérémonie de cette réception se passait la veille du jour de l'arrivée des cendres de l'empereur, mémorable événement sur lequel nous ne pouvons nous empêcher de donner des détails précis.

Le 20 mars 1840, M. de Rémusat, ministre de l'intérieur, ayant demandé de faire connaître à la Chambre une communication du gouvernement, prit la parole en ces termes, au milieu du plus profond silence :

« Messieurs, le roi a ordonné à S. A. R. Monseigneur le prince de Joinville de se rendre, avec sa frégate, à l'île de Sainte-Hélène, pour y recueillir les restes mortels de l'empereur Napoléon.

« La frégate, chargée de cette immortelle dépouille, se présentera, au retour, à l'embouchure de la Seine. Un autre bâtiment l'apportera à Paris ; elle sera déposée aux Invalides. Une cérémonie solennelle, une grande pompe religieuse et militaire inaugurera le tombeau qui doit la garder à jamais.

« Il importe, en effet, Messieurs, à la majesté d'un tel souvenir, que cette sépulture auguste ne demeure pas exposée sur une place publique, au milieu d'une foule bruyante et distraite. Il convient qu'elle soit placée dans un lieu silencieux et sacré, où puissent la visiter, avec recueillement, tous ceux qui respectent la gloire et le génie, la grandeur et l'infortune.

« Il fut empereur et roi ; il fut souverain légitime de notre pays : à ce titre, il pourrait être inhumé à Saint-Denis ; mais il ne faut pas à Napoléon la sépulture ordinaire des rois, il faut qu'il règne et commande encore dans l'enceinte où vont se reposer les soldats de la patrie, et où iront toujours s'inspirer ceux qui seront appelés à la défendre.

« Son épée sera déposée sur sa tombe. L'art élevera sous le dôme, au milieu du temple consacré par la religion au Dieu des armées, un tombeau digne, s'il se peut, du nom qui doit y être gravé. Ce monument doit avoir une beauté simple, des formes grandes et cet aspect de solidité inaltérable qui semble braver l'action du temps. Il faudrait à Napoléon un monument durable comme sa mémoire. »

Cette communication inattendue fut accueillie par d'unanimes acclamations sur tous les bancs de l'Assemblée et même dans les tribunes. La diplomatie avait préparé, dans le silence, la réussite de ce patriotique projet dont la nouvelle fut reçue, d'une extrémité de la France à l'autre, comme un acte de réparation nationale. Rien n'était capable, en effet, d'émouvoir la fibre patriotique comme le retour du proscrit de Sainte-Hélène environné, cette fois, de toute la majesté de la mort. Mais ce fut principalement aux Invalides que l'enthousiasme et la joie se manifestèrent de la manière la plus éclatante. Les vieux soldats mutilés ne pouvaient croire à un bonheur si inattendu.

Un crédit d'un million avait été voté, le 10 juin 1840, pour la translation des restes mortels de Napoléon et pour la construction du tombeau qui lui était destiné.

La frégate *la Belle-Poule,* attendue par les Invalides avec une impatience et une anxiété que nous ne pourrions décrire, entra, le 30 novembre, dans le port de Cherbourg, au bruit des salves de tous les vaisseaux qui se trouvaient dans la rade. Le 8 décembre, le cercueil fut transbordé sur le bâtiment à vapeur *la Normandie,* qui fit route vers le Havre, escorté du *Courrier* et du *Véloce.* Dans cette ville, l'arrivée des restes de l'Empereur fut l'occasion d'une fête triomphale. Il en fut de même à Rouen et sur tout le parcours des deux rives de la Seine, où les populations accouraient, de cinquante lieues à la ronde, pour saluer de leurs acclamations le cortége funèbre.

Le 15 décembre 1840, journée mémorable, surtout pour les Invalides, Paris courut avec enthousiasme pour rendre les derniers honneurs aux mânes du héros couronné. Malgré un froid violent, une foule immense remplissait, depuis huit heures du matin, les vastes espaces qui s'étendent de Courbevoie aux Invalides, en occupant les Champs-Élysées et l'Esplanade qui avait été décorée de trente-deux statues de nos rois et de nos guerriers les plus renommés.

A dix heures et demie, les marins de *la Belle-Poule,* en grande tenue, placèrent le cercueil sur le char impérial, qui stationnait dans la chapelle ardente, construite à Courbevoie, en face du lieu de débarquement. Le clergé donna l'absoute, et l'immense cortége, composé de toutes les illustrations civiles et militaires, se mit en marche.

Seize chevaux, empanachés et couverts de housses dorées aux armes de l'Empereur, traînaient le char, magnifiquement orné, qui portait le cercueil du grand homme. Les cordons du poële impérial étaient tenus par le maréchal Oudinot, grand chancelier de la Légion-d'Honneur, le maréchal Molitor, l'amiral Roussin et le lieutenant général Bertrand.

Le cortége, qui s'avance majestueusement au milieu d'une double haie de troupes et d'une foule respectueusement recueillie, arrive aux Invalides, où vingt et un coups de canon ont annoncé déjà une halte sous l'Arc-de-Triomphe de l'Étoile.

En avant de la grille de l'Hôtel s'élève un dais immense, sous lequel s'arrête le char impérial, pour y déposer le cercueil en présence des autorités civiles et militaires.

Voici maintenant quelques citations du procès-verbal officiel de la réception des restes mortels de l'empereur :

Cejourd'hui 15 décembre 1840, etc.....

Le cercueil, contenant les restes mortels de Napoléon, a été trouvé bien conservé, sauf une petite portion de la partie inférieure, laquelle, quoique reposant sur une forte dalle, était légèrement altérée ; le cercueil en ferblanc ayant été ouvert, le corps entier de Napoléon a paru, les traits avaient assez peu souffert pour être immédiatement reconnus.....

Les restes de l'empereur Napoléon sont dans six cercueils, 1° un en ferblanc ; 2° un cercueil en bois d'acajou ; 3° un cercueil en plomb ; 4° un deuxième cercueil en plomb ; 5° un cercueil en bois d'ébène ; 6° un cercueil en bois de chêne qui protége le cercueil en ébène.....

Nous nous sommes rendus à onze heures du matin, à l'église des Invalides.....

Dans ladite église du dôme, où tout répond à la solennité de la cérémonie qui va être célébrée ; le roi, revêtu de l'uniforme de la garde nationale, arrive à midi avec la famille royale.

Avaient déjà pris place dans l'église, 1° les ministres ; 2° les maréchaux de France ; 3° la Chambre des pairs et son président ; 4° la

Chambre des députés et son président ; 5° le conseil d'État, la Cour de cassation, la Cour des comptes, la Cour royale, l'État-Major des armées de terre et de mer, etc., etc. ; d'anciens officiers de la maison civile et militaire de l'empereur, des fonctionnaires de l'Empire.

A deux heures après-midi, une salve de vingt et un coups de canon, annonçant l'approche du cercueil de l'empereur, le roi sort du salon d'attente et vient s'asseoir sur son trône, la reine à sa gauche, les princes à la droite du roi et les princesses à la gauche de la reine.

M. le maréchal gouverneur ayant reçu le roi, reprend sa place sous le Dôme.....

A l'arrivée du cortége à l'Arc-de-Triomphe (en avant de la grille d'entrée), le corps de l'Empereur est déposé sur une estrade ; là, les prières consacrées par l'Église sont commencées par M. l'archevêque de Paris ; des aspersions d'eau bénite sont faites sur le corps. Au même instant un nombreux chœur de chantres entonne un *De Profundis,* puis le cortége continue sa marche. M. l'abbé Coquereau, aumônier de *la Belle-Poule,* est en avant du cercueil.

Un détachement, composé de sous-officiers de l'Hôtel des Invalides, de la garde nationale et de l'armée, tous décorés de l'Ordre de la Légion-d'Honneur, forme une escorte d'honneur, sous le commandement de M. Lebreton, colonel invalide.

Pendant que trois cents musiciens exécutent une marche funèbre, le roi, suivi des princes ses fils et de ses aides-de-camp, se rend, de son trône, à l'entrée du dôme où le cercueil est de nouveau déposé sur une estrade.

Là, le prince de Joinville dit, en s'adressant à Sa Majesté :

« Sire, je vous présente le corps de l'empereur Napoléon. »

Le roi, en élevant la voix, répond :

« Je le reçois au nom de la France. »

Aussitôt M. le général Athalin, portant sur un coussin violet l'épée de l'empereur, la remet à M. le maréchal duc de Dalmatie, président du conseil, ministre de la guerre, qui a l'honneur de la présenter au roi.

« Général, dit le roi en la remettant au comte Bertrand, voici l'épée de la journée d'Austerlitz ; déposez-la sur le cercueil de l'empereur Napoléon. »

Les marins de *la Belle-Poule,* toujours sous les ordres du prince de Joinville, déposent le cercueil dans l'intérieur du magnifique catafalque destiné à le recevoir. M. l'archevêque de Paris est à l'autel avec son clergé ; on célèbre la messe ; le *Requiem* de Mozart est chanté. A quatre heures, vingt et un coups de canon annoncent que les cinq absoutes vont commencer. A la fin de la dernière, le roi et les princes viennent jeter l'eau bénite sur le corps. A l'issue d'un *De Profundis* en faux bourdon, le roi et la famille royale se retirent.

Immédiatement après la cérémonie, l'épée d'Austerlitz est remise entre les mains de M. le maréchal gouverneur, à qui la garde en est confiée au nom de Sa Majesté. En la recevant, M. le maréchal la presse de ses lèvres avec la plus vive émotion.

D'après ce qui vient d'être rapporté, nous constatons que le cercueil, contenant les restes mortels de l'empereur Napoléon, repose sous le dôme, où il demeure *à jamais confié aux militaires invalides,* heureux, ainsi que leur gouverneur, de posséder un dépôt aussi précieux.

En conséquence, nous avons dressé et clos le présent procès-verbal, que les personnes de l'Hôtel, qui s'y trouvent dénommées et qualifiées, ont signé avec M. le maréchal gouverneur et avec nous.....

Ce procès-verbal est déposé aux archives de l'Hôtel dont il est la page la plus glorieuse.

Le retour des cendres de l'Empereur, au milieu de toutes les pompes de la civilisation moderne, produisit les impressions les plus profondes chez les innombrables spectateurs de cet imposant spectacle. Les vétérans de nos armées, auxquels un si précieux dépôt venait d'être confié, étaient sous le coup d'une indescriptible émotion.

Dans cette journée mémorable, on voyait paraître successivement sur leurs mâles visages, une expression indéfinissable de joie et de tristesse à la vue de ce tombeau funèbre qui évoquait, dans leurs cœurs, un passé brillant et douloureux de gloire et de catastrophes, de triomphes et de revers.

Le cercueil de Napoléon resta exposé, sous le catafalque, jusqu'au 6 février 1841 ; il fut alors transféré dans la chapelle de Saint-Jérôme, asile provisoire où il est encore aujourd'hui en attendant l'achèvement du monument national digne de ce héros.

Le maréchal Moncey était dépositaire d'une boîte renfermant les trois clefs du cercueil, dépôt funèbre et sacré que S. A. I. le prince Jérôme Napoléon conserve religieusement.

Le 5 mai 1841, le maire de la ville de Cherbourg vint déposer, sur le cercueil impérial, une couronne d'or offerte par les habitants de cette ville, qui, la première, avait rendu les honneurs funèbres aux restes mortels de Napoléon. Cette précieuse couronne est, aujourd'hui, placée avec les reliques de l'Empereur (le chapeau que l'Empereur portait à Eylau, son épée d'Austerlitz et le grand collier de la Légion-d'Honneur), dans la chapelle Saint-Jérôme, devant le cercueil, entre deux faisceaux de drapeaux pris à *Austerlitz,* etc.

Le maréchal Moncey, paralysé depuis douze ans, chez lequel cette imposante cérémonie avait produit une plus forte émotion que chez tout autre, s'éteignit sans souffrance, le 20 mai 1842, à dix heures du soir, au milieu de son état-major, auquel il adressa ce suprême adieu :

« J'ai vécu, je souhaite que tout le monde finisse comme moi. »

Ses funérailles eurent lieu, le 25 mai, à l'église du dôme. Il emportait dans la tombe les regrets profonds de tous ceux qui l'avaient connu, et particulièrement ceux des Invalides qui conservent toujours le souvenir de sa bonté.

Le lieutenant général Petit remplit alors, pendant six mois, les fonctions de gouverneur par intérim.

Le duc d'Orléans, accompagné du duc de Saxe-Weimar, visita l'Hôtel, le 16 juin 1842, et passa en revue tous les Invalides. Il se plaça ensuite en face du portail de l'église et fit défiler devant lui cette héroïque phalange. Un mois s'était à peine écoulé que ce prince, si jeune et si bien doué, expirait douloureusement à quelques pas du château de Neuilly, le 13 juillet 1842.

Les Invalides, en apprenant cette nouvelle, prièrent le général Petit de porter au roi, à cette occasion, l'expression de leurs regrets.

Le 21 octobre de la même année, le maréchal Oudinot, duc de Reggio, fut nommé gouverneur. Ce choix ne trouva que des approbateurs parmi les Invalides qui, tous, connaissaient les hauts faits d'armes et le mâle courage de cet intrépide homme de guerre.

Oudinot était bien digne de succéder au vénérable Mon-

10

cey. Il s'appliqua à veiller au bien-être de ses vieux compagnons de gloire.

La mémoire du maréchal Moncey, dont le nom avait laissé de si profonds souvenirs à l'Hôtel, reçut un hommage particulier. Le gouvernement, sur la demande du conseil d'administration des Invalides, lui fit élever un monument en marbre blanc, placé sur l'avant-dernier pilastre à gauche, en entrant dans l'église du dôme. L'inauguration de ce monument eut lieu le 12 mai 1843.

Le 3 juillet de la même année, le général Petit, en l'absence du gouverneur, reçut, devant la garde assemblée, des mains du général Durosnel, aide-de-camp du roi, les drapeaux pris par le duc d'Aumale au combat d'Aïn-Taguin. Le 2 septembre 1844 une cérémonie semblable eut lieu. Le colonel Dumas, aide-de-camp du roi, vint confier à la garde des vieux braves six drapeaux conquis à Mogador par les marins de l'escadre du prince de Joinville. Ces drapeaux furent remis sous le dôme par de vieux sous-officiers décorés qui les portèrent d'abord devant les rangs des Invalides réunis sous les armes.

Le 19 septembre de la même année, le fils de Méhémet-Ali, Hussein-Bey, et son petit-fils, Ahmed-Bey, visitèrent l'Hôtel qu'ils admirèrent en tous points.

Le 13 avril 1845, le roi décida que les restes mortels des deux grands maréchaux du palais, Duroc et Bertrand, seraient placés dans l'église des Invalides, à droite et à gauche du passage qui communique de la nef au dôme réservé pour le tombeau de l'Empereur. Un crédit spécial fut ouvert à ce sujet au ministre de l'intérieur.

Ce ne fut que le 6 mai 1847 que les glorieuses dépouilles de ces fidèles compagnons de l'Empereur purent être déposées dans les monuments qui leur étaient consacrés. La cérémonie fut grave et triste, et les vétérans de l'empire éprouvèrent, en y assistant, de douloureux regrets.

L'année 1846 vit le vainqueur de Nézib, Ibrahim-Pacha,

se rendre à l'Hôtel. Il y arriva le 30 avril, accompagné du duc de Montpensier et de plusieurs officiers égyptiens. Les Invalides, au nombre de deux mille cinq cents, étaient sous les armes dans la cour d'honneur. Le maréchal Oudinot reçut les nobles visiteurs qui parcoururent avec le plus vif intérêt les diverses parties de l'Hôtel.

Conduit au tombeau de l'Empereur, le régénérateur de l'Égypte enlevé par une mort trop prompte pour pouvoir terminer complétement son œuvre, resta longtemps plongé dans un respectueux recueillement. En quittant l'Hôtel, il dit au duc de Reggio d'une voix émue :

« Monsieur le maréchal-gouverneur, je suis fier de m'être trouvé quelques instants entouré des plus braves soldats de l'Europe. Un pareil établissement, imité aujourd'hui par toutes les nations vraiment guerrières, est l'honneur éternel du peuple qui l'a fondé. »

Le 30 novembre 1845, le maréchal Oudinot recevait, au nom du roi, cinq drapeaux pris à l'attaque des batteries et du barrage d'Obligado dans le Parana.

Le 10 novembre de l'année suivante, on célébrait, avec la pompe habituelle, dans l'église tendue de noir, les funérailles de l'amiral Duperré.

Le 5 octobre 1847, une cérémonie plus douloureuse encore pour les Invalides, les réunissait sous les voûtes sombres de l'église. On rendait les derniers devoirs à la dépouille mortelle du gouverneur, qui emportait dans la tombe un glorieux renom et les profonds regrets des vieux soldats.

Le maréchal Molitor lui succéda peu de jours après et vint accroître la glorieuse série de noms illustres que les Invalides avaient eus à leur tête.

Six mois plus tard, une révolution nouvelle renversait, en quelques heures, du trône élevé depuis dix-huit ans, le roi Louis-Philippe dont la dynastie semblait cependant alors plus solidement assise que jamais.

# CHAPITRE VI

reliques de l'Empereur sont transférées dans le reliquaire. — Visite du duc
de Gênes. — Visite de la reine douairière d'Espagne.


Les détails des événements de février sont trop présents à
la mémoire de nos lecteurs pour qu'il soit nécessaire de les
leur rappeler, ainsi que les causes qui ont amené cette révolution.

Bornons-nous à dire que, le 24 février 1848, la république
est proclamée. Les Invalides l'accueillent et la saluent avec
l'espoir de nouveaux succès militaires propres à agrandir la
gloire de la France. Le gouvernement nouveau, désireux de
s'attacher les vieux soldats, leur témoigne une vive sollicitude.

Le 17 mars, le citoyen Ledru-Rollin, ministre de l'intérieur, nomme une commission chargée d'examiner les travaux relatifs au tombeau de l'Empereur.

Peu de jours après, le 23 du même mois, la grande manifestation du Champ-de-Mars avait donné lieu à quelques
actes d'insubordination de la part des Invalides. Le ministre
de la guerre en ayant été instruit, s'empressa de nommer
une commission chargée d'informer sur ces désordres et de
proposer au gouvernement les mesures de répression jugées
nécessaires.

Voici dans quels termes un journal de l'époque rend
compte de cette fâcheuse manifestation des Invalides, qui fit
une douloureuse impression dans le public :

« Les soldats invalides, dans un moment d'erreur, ont in-
sulté le vieux général Petit. Le prétexte de cet acte d'insubordination était le suivant : une somme de 6,000 francs
a été léguée aux Invalides aveugles ; le conseil d'administra-
tration a jugé convenable de leur distribuer cette somme
à raison de 1 franc par mois. Mais ils ont exigé que le legs
leur fût distribué immédiatement et en totalité. Ils ont pro-
fité de cette circonstance pour formuler d'autres plaintes sur
l'administration. Les ouvriers du Champ-de-Mars, excités par

les chefs de cette petite conspiration, se sont portés vers l'Hôtel, drapeau en tête. Le général Petit, bravant toutes les menaces, s'est avancé courageusement et s'est livré à ses accusateurs.

« Amené dans une voiture de place découverte, ce brave, qu'entouraient plus de mille citoyens ameutés contre lui, est arrivé à six heures du soir à l'état-major de la garde nationale. Le commandant supérieur et le chef d'état-major Guinard sont descendus pour recevoir le général Petit.

« Dans une allocution chaleureuse, le général Courtais a rappelé tous les services de l'illustre soldat de la république et de l'empire.

« Celui que vous accusez, a-t-il dit en finissant, ne peut « être coupable. Souvenez-vous que c'est à ce guerrier, aujour- « d'hui chargé d'années, que l'Empereur adressa ces mémo- « rables paroles à Fontainebleau : Général Petit, je vous em- « brasse, ne pouvant embrasser toute l'armée. »

« La foule s'est dissipée peu à peu aux cris de : Vive Courtais ! Vive la république !

« Le ministre de la guerre, instruit de ce qui se passait, est arrivé en toute hâte à l'état-major général ; il a aussitôt décrété une enquête.

« Le général Petit a passé la nuit à l'état-major. Ce matin, à quatre heures et demie, le général Courtais est allé aux Invalides, où il a trouvé les nombreux ouvriers que le gouvernement y emploie. Il leur a dressé quelques paroles pour leur faire connaître la décision du ministre de la guerre ; il leur a annoncé en même temps qu'à onze heures le général Petit serait réinstallé dans l'Hôtel.

« Tel est l'ordre du gouvernement provisoire, leur a-t-il « dit, et nous lui devons tous obéissance ; nous y serons « tous. »

« Avant son départ de l'état-major général, les délégués de toutes les écoles sont venus témoigner leur sympathie au commandant des Invalides. Cette scène a été des plus touchantes; et la réponse du général à cette démonstration a ému jusqu'aux larmes cette jeunesse enthousiaste. Le vieux guerrier énumérait tous les champs de bataille où il s'est trouvé depuis 1791.

« Vous oubliez Waterloo! » s'est écrié un citoyen qui se trouvait mêlé aux délégués des écoles.

« Oui, j'étais à Waterloo, a répondu le général Petit, et ce « drapeau tricolore, que vous m'accusez d'avoir voulu fouler « aux pieds, je l'ai défendu auprès de l'Empereur. Je puis « vous le montrer suspendu dans mon appartement : c'est là « mon plus beau titre de gloire. »

« Les cris de : Vive le général Petit! Vive la république! ont retenti de nouveau, et on s'est acheminé vers l'Hôtel. Le général Courtais, à la tête de son état-major, précédait, à cheval, la voiture dans laquelle se trouvait le commandant des Invalides, accompagné du général Guinard.

« Le ministre de la guerre les attendait, et lorsqu'ils sont arrivés aux Invalides, plus de dix mille citoyens étaient impatients de voir le général Petit et de lui témoigner tous les regrets que leur inspirait l'insulte qu'il avait reçue.

« Le général Petit est entré aux Invalides aux cris mille fois répétés de : Vive la république! Vive le commandant de l'Hôtel! »

Tel est le récit de cette triste scène.

Le même jour, le décret du gouvernement provisoire recevait un commencement d'exécution : les scellés étaient apposés sur toutes les pièces de l'Hôtel où pouvaient se trouver des documents propres à éclairer la justice; l'enquête allait suivre son cours.

Le lendemain de sa réinstallation solennelle, le général Petit publiait un ordre du jour dont nous extrayons les passages suivants :

« Invalides,

« Comment quelques-uns d'entre vous ont-ils pu croire que jamais j'aie eu la pensée de détourner le don de 6,000 francs fait aux aveugles, moi qui ai traversé nos temps de gloire sans m'occuper de ma fortune, et qui ai refusé, en 1815, un don d'argent de l'empereur Napoléon, pensant alors, comme aujourd'hui, aux besoins de la patrie.

« Comment a-t-on pu faire courir le bruit que j'avais traîné dans la boue le drapeau tricolore, moi qui n'ai jamais combattu que sous ses nobles couleurs, et qui ai si religieusement conservé le drapeau des grenadiers de la garde impériale.

« Invalides, ayez confiance dans mes sentiments pour vous... Croyez-le bien, ce n'est pas à soixante-seize ans qu'on dévie du sentier de l'honneur. Tout ce qui vous est dû vous est continuellement accordé, ce qui sera prouvé d'ailleurs par les enquêtes qui vont avoir lieu. Reposez-vous donc pour ce soin sur le zèle éclairé et la sollicitude de M. le maréchal-gouverneur, et soyez assurés que le gouvernement lui-même a les yeux ouverts sur tout ce qui se passe à l'Hôtel. »

Le 26 mars, les volontaires des quatre bataillons de la garde mobile casernés à l'Ecole Militaire, envoyèrent une députation au général Petit pour le féliciter de sa rentrée aux Invalides. Le brave commandant de l'Hôtel fut vivement ému de cette démonstration spontanée.

L'opinion publique, de son côté, fit promptement justice de ces accusations injurieuses au caractère du digne général de l'empire, qui, tant de fois dans sa carrière, avait donné des preuves éclatantes d'abnégation et de dévouement.

Les Invalides, pour donner un témoignage public de leurs sympathies au gouvernement, voulurent adresser une offrande à la patrie. Une députation choisie parmi eux fut chargée de porter leur don patriotique, consistant en une somme de 1,935 francs 50 centimes, au siége de la commission centrale chargée de les recevoir. Le colonel Simon, major de l'Hôtel, était à la tête de cette députation. Il prononça quelques dignes paroles, dans lesquelles il protesta des sentiments patriotiques des pensionnaires de l'Hôtel. Il profita de cette occasion pour s'élever hautement, au nom de l'immense majorité des Invalides, contre les actes d'insubordination dont l'asile des vétérans avait été le théâtre dans la journée du 23 mars. Cette députation se retira après avoir reçu les remercîments de la commission, exprimés par un de ses membres.

Dans les premiers jours de juillet, une illustre victime des douloureuses journées de juin, le général Duvivier, rendait le dernier soupir. Ses obsèques furent célébrées avec pompe dans l'église du Val-de-Grâce. Après cette lugubre cérémonie, sa dépouille mortelle fut transportée aux Invalides, le 14 juillet, au milieu d'un cortége imposant, dans lequel on remarquait la garde mobile que cet officier général avait organisée, et de nombreux détachements de l'armée.

En recevant le corps, à la grille de l'Hôtel, le maréchal Molitor prononça les paroles suivantes :

« Les vétérans de la gloire française reçoivent avec un respectueux sentiment de patriotisme les restes mortels de l'illustre général Duvivier, dont la carrière, toute de gloire, vient de finir héroïquement en défendant tout ce que les citoyens ont de plus cher et de plus sacré : la liberté, l'ordre et la propriété.

« Que sa mémoire soit immortelle !»

Après la cérémonie de l'absoute, ses restes mortels furent descendus et placés dans les caveaux où reposent nos plus grandes illustrations militaires. Juste hommage rendu au digne général qui venait de trouver la mort en défendant la société menacée.

Le lendemain, 15 juillet, parut un arrêté du chef du pouvoir exécutif (le général Cavaignac) qui portait à onze le nombre des membres du conseil d'administration des Invalides, sous la présidence du gouverneur.

Un autre arrêté réduisit à neuf le nombre des membres du conseil d'administration de la succursale d'Avignon.

Une commission supérieure des Invalides de la marine fut

instituée peu de temps après, à la date du 28 septembre de la même année.

Lorsque les Invalides apprirent que le prince Louis-Napoléon Bonaparte était candidat à la présidence de la république, ils votèrent en majorité pour lui avec un vif empressement. Ce nom magique leur rappelait l'immortel guerrier qui avait si souvent conduit à la victoire les vétérans de l'Hôtel, l'homme de génie qui avait porté si haut l'honneur et les armes de la France. C'était pour eux, en même temps, un juste hommage rendu à l'Empereur dont la mémoire est si profondément gravée dans les cœurs des vieux soldats.

Peu de jours après l'élection du prince Napoléon, on lisait au *Moniteur* le décret qui appelait le dernier frère de l'Empereur, le prince Jérôme Napoléon, à la tête du gouvernement de l'Hôtel.

Ce décret, rendu sur la demande des membres composant le nouveau cabinet, paraissait le 23 décembre 1848.

Il était précédé de l'exposé des motifs suivants :

« Monsieur le Président,

« Le cabinet que vous avez honoré de votre confiance vient vous soumettre une mesure qu'il regarde comme l'expression du sentiment universel de la France.

« Si notre patrie a traversé avec tant de calme et de dignité la plus grande, la plus difficile épreuve à laquelle puisse être soumis un peuple libre, on doit l'attribuer sans doute au progrès de nos mœurs politiques ; mais il est permis d'en reporter aussi l'honneur à l'heureuse influence de ce nom qui a laissé dans le cœur de nos concitoyens un si cher et si glorieux souvenir.

« C'est un bel hommage rendu à la mémoire de l'empereur Napoléon que cette réunion dans un seul sentiment de tous les partis, et la réconciliation d'opinions naguère ennemies. Il était donné à ce grand homme de rendre, même après sa mort, ce service à sa patrie.

« Pouvions-nous oublier, dans un tel moment, que le dernier frère de Napoléon, le général Jérôme Bonaparte, vit au milieu de nous, désormais étranger aux agitations humaines ?

« Le général Jérôme Bonaparte, chargé, en 1806, du commandement d'un corps d'armée, s'est associé depuis à toutes nos gloires ; il dirigeait, après la cruelle journée de Waterloo, les débris héroïques de nos armées. Il a été le dernier à désespérer du salut de la France.

« Si le peuple français était consulté dans ses comices, nous sommes assurés que, d'une voix unanime, il proclamerait que la place du frère de Napoléon est auprès du dépôt sacré des cendres de son frère, et à la tête de cette noble phalange de vétérans où viennent se réunir et se fondre les générations successives de nos braves soldats.

« Nous ne sommes, monsieur le Président, que les interprètes de l'opinion publique en soumettant à votre sanction le projet d'arrêté suivant :

ARTICLE 1er. « Le général de division Jérôme Bonaparte est nommé gouverneur de l'Hôtel des Invalides en remplacement de M. le maréchal Molitor.

ARTICLE 2. « M. le maréchal Molitor est nommé grand-chancelier de la Légion d'Honneur, en remplacement de M. le général de division Subervie. »

Des notabilités civiles et militaires en grand nombre assistèrent à l'installation du gouverneur. Le général Petit, commandant l'Hôtel, fit reconnaître dans ses nouvelles fonctions le frère de l'Empereur qui, après avoir visité les salles de l'infirmerie et l'église, se rendit au tombeau de l'Empereur, cher et précieux dépôt dont il devenait le gardien.

Cependant la commission d'enquête, nommée à la suite des troubles déplorables survenus à l'Hôtel, avait adressé, le 28 septembre, au ministre de la guerre, son rapport, qui fut publié le 23 janvier 1849. Il constatait qu'aucun fait répréhensible ne pouvait être imputé ni au commandant de l'Hôtel, ni à l'administration ; mais il signalait en même temps un certain laisser-aller dans les diverses parties du service.

La commission exprimait aussi le vœu que l'Hôtel national et sa succursale fussent, comme la plupart des établissements militaires, soumis à une inspection administrative annuelle. Un arrêté du président de la république modifia aussitôt le personnel de la manière suivante :

« La dignité de gouverneur peut être conférée, à l'avenir, soit à un maréchal de France, soit à un général de division en activité ou en retraite. »

L'état-major fut composé d'un général de brigade commandant, d'un chef de bataillon ou d'escadron major, de trois capitaines adjudants-majors, de trois lieutenants sous-adjudants-majors choisis dans les cadres d'activité.

Un intendant militaire résidant à l'Hôtel et ayant auprès de lui un adjoint à l'intendance fut chargé de la direction des services administratifs.

C'est ainsi que le nouveau chef de l'État veillait, dès son arrivée au pouvoir, sur ce qui pouvait améliorer le sort des Invalides.

La journée du 20 mars, cet anniversaire du retour du glorieux proscrit, fut dignement fêtée à l'Hôtel.

Les cinquante-quatre drapeaux pris à Austerlitz furent présentés aux Invalides qui, réunis sous les armes, dans la cour de l'Hôtel, les saluèrent avec les plus vives acclamations. En même temps le général Petit remit au gouverneur le manteau impérial, le grand collier de la Légion-d'Honneur que l'Empereur portait à la cérémonie du sacre, l'épée qu'il avait à la bataille d'Austerlitz, la couronne d'or donnée par la ville de Cherbourg, la couronne portée le jour du couronnement, le drap mortuaire aux emblêmes impériaux et les clefs du tombeau.

Cette imposante cérémonie avait profondément ému les vieux débris de nos grandes batailles. Elle se termina par la distribution de plusieurs croix que le prince Jérôme remit aux plus méritants, au nom du président de la république.

Un douloureux motif, celui de la mort du maréchal Bugeaud, qui laissait un nom si vénéré à juste titre en France et en Algérie, réunit, le 20 juin, une foule nombreuse et sympathique sous les voûtes de l'église. Son corps fut déposé le même jour dans les caveaux du dôme, juste hommage rendu à la mémoire de l'homme de bien et de l'illustre guerrier dont les éminents services sont trop connus pour qu'ils aient besoin d'être rappelés.

Le maréchal Molitor mourut peu de temps après avoir quitté l'Hôtel, le 28 juillet 1849, à l'âge de soixante dix-neuf ans. Le 5 août, son corps fut transféré, avec tous les honneurs militaires, de la Chancellerie aux Invalides. Il fut déposé dans une chapelle ardente jusqu'au 8 du même mois, jour où furent célébrées ses obsèques avec toute la pompe habituelle.

Le 1er janvier suivant, le prince Jérôme fut élevé à la dignité de maréchal de France, en récompense des anciens services militaires qu'il avait rendus à la France.

Grâce à la paix dont nous jouissons depuis longtemps, le nombre des vieux soldats admis à l'Hôtel diminuait chaque jour peu à peu ; aussi ce bâtiment était-il devenu suffisant pour donner asile à ses pensionnaires et à ceux de la succursale d'Avignon. Une sage économie motivait dès lors la suppression de cette succursale, suppression qui fut statuée et exécutée en 1850.

Les Invalides d'Avignon vinrent donc retrouver leurs camarades de Paris par lesquels ils furent accueillis avec toutes les démonstrations d'une cordiale fraternité militaire. On aurait à retracer des scènes vraiment touchantes si l'on voulait décrire les impressions profondes produites sur les vieux braves qui, après tant de grandes victoires, ne s'étaient pas revus depuis le désastre de Waterloo, et qui, en s'embrassant, fondaient en larmes au souvenir d'un passé si beau et si triste à la fois.

Au commencement de mars 1852, les portes de l'église

s'ouvrirent pour recevoir les dépouilles mortelles du maréchal vicomte Dode de la Brunerie. Son corps fut déposé le soir dans une chapelle ardente et un service funèbre fut célébré le lendemain avec la pompe usitée. Les chefs suprêmes de l'armée, les hauts personnages de l'État et les nombreux amis du maréchal, vinrent apporter à l'illustre défunt les témoignages de leurs regrets.

Éminent guerrier, homme de bien, aussi distingué par l'élévation de son esprit que par la droiture de son jugement, le vicomte Dode, dont le bâton de maréchal était venu dignement couronner la carrière si pure, emportait, en descendant dans la tombe, les regrets profonds de ceux qui l'avaient connu, l'estime de tous.

Le 12 août de la même année on célébrait, aux Invalides, les obsèques du maréchal Sébastiani, quand, tout à coup, la cérémonie funèbre fut interrompue par un déplorable sinistre.

Le feu, produit par la chute d'un cierge enflammé, venait de se manifester à la tenture de l'autel; en un instant, la flamme se communiquait aux tentures des tribunes et gagnait les nombreux drapeaux suspendus autour de l'église. Les cris : Au feu! Sauvez les trophées! sont poussés de toutes parts par les assistants saisis d'une terreur panique.

Les flammèches enflammées mettent, en tombant, le feu au catafalque. On sort en toute hâte le cercueil de l'église, pendant que les pompiers se rendent maîtres de l'incendie dont les ravages étaient malheureusement irréparables.

Plusieurs drapeaux étaient complétement brûlés; une vingtaine, considérablement endommagés. Grâce aux mesures prises sur-le-champ, on n'eut heureusement à déplorer aucun autre accident.

A la fin du mois de mars de l'année suivante, un nouveau service funèbre se célébrait à l'Hôtel pour rendre les derniers honneurs au brave Exelmans dont une affreuse chute de cheval venait de causer la mort.

Intrépide officier, noble cœur, aussi désintéressé que dévoué, le comte Exelmans avait reçu, en 1849, le bâton de maréchal qu'il avait gagné en 1814, à la brillante affaire de Versailles où, par un élan de bravoure, il avait remporté sur les troupes étrangères le dernier succès qu'enregistrent nos annales militaires de cette époque.

Le 5 mai 1852 on célébrait, aux Invalides, le trente-et-unième anniversaire de la mort de l'Empereur. La présence du chef de l'État devait rehausser l'éclat de cette cérémonie à laquelle assistait un public nombreux et recueilli.

Dès onze heures du matin, l'église était tendue de deuil ; à la partie supérieure de la nef s'élevait un riche catafalque.

Trois piquets de cent hommes armés de lances étaient placés dans la nef, sous le porche de l'église et à la grande grille d'entrée.

A onze heures et demie, les militaires invalides non de service étaient formés en bataille dans la cour d'honneur.

A midi précis, les tambours battant aux champs annoncèrent l'arrivée du président de la république qui fut reçu au milieu des acclamations des Invalides. Le même accueil l'accompagna au moment de son départ.

Le prince Louis Napoléon Bonaparte avait déjà visité l'asile des vieux soldats le 19 juin 1849 à l'occasion des obsèques du maréchal duc d'Isly, auxquelles il avait assisté, noble et haut témoignage de la reconnaissance publique rendu par le chef de l'État au grand capitaine.

Cependant le pouvoir s'était consolidé entre les mains du prince Louis-Napoléon. L'acte énergique du 2 décembre, sanctionné par cinq millions de suffrages, armait son bras d'une force nouvelle.

Au milieu des graves préoccupations de son gouvernement, le chef de l'État n'oublia pas les Invalides. Le 30 mars 1852 il rendit un décret qui modifiait certains articles de celui du 20 janvier 1849.

En vertu de ce décret, l'état-major particulier de l'Hôtel

fut composé : 1° D'un général de division ou de brigade commandant l'Hôtel, ayant auprès de lui un capitaine d'état-major, aide-de-camp ; 2° D'un colonel ou lieutenant-colonel, major de l'Hôtel ; 3° De huit capitaines adjudants-majors.

La direction de l'administration resta confiée à un intendant ou sous-intendant militaire, ayant sous ses ordres un adjoint de première classe à l'intendance militaire.

Les Invalides, auxquels le chef de l'État avait donné des preuves éclatantes de sa sollicitude, tant en mettant à leur tête le dernier frère de l'Empereur, qu'en adoptant les mesures propres à assurer leur bien-être, virent avec joie la proclamation de l'empire.

Ce nom magique évoquait en effet dans le cœur des vieux pensionnaires de l'Hôtel toute une ère de gloire et de triomphes. Aussi le vote des vieux soldats fut-il, en cette occasion, tel qu'on devait le supposer. L'Hôtel reprit le titre d'Hôtel Impérial des Invalides, qu'il avait porté au commencement du siècle.

Cette forme de gouvernement appelait le prince Jérôme Bonaparte si près des marches du trône, qu'il ne pouvait continuer à exercer les fonctions de gouverneur des Invalides ; mais le frère de l'Empereur, dont le sénatus-consulte du 14 janvier 1852 avait réglé le rang impérial, voulut, en quittant ce poste élevé, que la garde des cendres de l'empereur Napoléon Ier lui restât confiée.

C'est ce que statua le décret suivant du 29 décembre 1852 :

« Considérant que la haute position reconnue par le décret du 18 décembre 1852 à notre oncle bien-aimé Jérôme Bonaparte, ne peut plus se concilier avec les exigences d'un service qui entraîne responsabilité et subordination ;

« Considérant, d'un autre côté, que les cendres de l'empereur Napoléon ont été confiées à la garde de son frère, qui ne peut abdiquer ces pieuses fonctions,

« Avons décrété et décrétons ce qui suit :

« Notre oncle bien-aimé Jérôme-Napoléon Bonaparte est nommé gouverneur honoraire de l'Hôtel Impérial des Invalides. »

Le même jour, le général de division Arrighi de Casanova, duc de Padoue, était nommé gouverneur de l'Hôtel.

Le duc de Padoue, que ses beaux services sous l'Empire appelaient à l'honneur de succéder à S. A. I. le prince Jérôme, n'en jouit pas longtemps. Sa santé, déjà très-fortement ébranlée à cette époque, ne fit que décliner rapidement. Trois mois ne s'étaient pas écoulés que les Invalides venaient lui rendre les derniers devoirs dans l'église Saint-Louis. Là, une foule nombreuse, réunie le 23 mars 1853, témoignait par son recueillement ses regrets au digne officier général que la mort venait d'enlever.

Peu de jours après, le *Moniteur* contenait le décret qui, à la date du 24 mars, appelait le général de division comte d'Ornano, de la grande-chancellerie de la Légion-d'Honneur au gouvernement des Invalides.

Sans entrer dans aucun détail sur les beaux services de cet officier général, si connus de l'armée, nous rappellerons que, à l'âge de vingt-huit ans, il commandait comme général de division, à la bataille de la Moskowa toute la cavalerie de l'armée du vice-roi, à la tête de laquelle il contribuait puissamment au succès de cette grande journée.

Chargé, le 24 janvier 1814, du commandement supérieur de toutes les troupes de la garde impériale rentrées à Paris (infanterie, cavalerie et artillerie), il prit avec elles une part active à la défense de la capitale.

Ce commandement supérieur établissait les titres du général d'Ornano à être maintenu indéfiniment dans le cadre d'activité, ainsi que le régla bientôt un décret de l'Empereur.

La nomination du nouveau gouverneur, qui avait assisté à toutes nos grandes luttes, fut accueillie avec un vif empressement par les vieux soldats, dont plusieurs l'avaient vu déployer un brillant courage sur les champs de bataille.

11

A la revue de tous les pensionnaires de l'Hôtel, qu'il passa le jour de son entrée en fonctions, il en interrogea plusieurs sur leurs blessures, leurs campagnes, et put leur dire : « Moi aussi, j'étais là ; moi aussi, j'assistais à tel combat, à telle bataille. » Après la revue, le général d'Ornano visita les infirmeries, les cuisines, les chambres des soldats, et enfin le tombeau de l'Empereur.

Le jour même de son installation, le nouveau gouverneur rendit l'ordre du jour suivant :

« Militaires invalides,

« Nommé par la confiance de l'Empereur gouverneur des Invalides, j'apprécie hautement tout ce qu'il y a d'honorable pour moi à me trouver au milieu des nobles vétérans de nos armées, dont j'ai partagé les efforts sur tant de champs de bataille, et à veiller aussi sur leurs plus jeunes frères d'armes qui ont arrosé de leur sang la terre d'Afrique.

« Cet honneur, dont mon digne et regrettable prédécesseur n'a joui que trop peu de temps, est encore augmenté par le nom de S. A. I. le prince Jérôme, qui, après vous avoir commandés lui-même, a voulu continuer de veiller sur vous et de partager avec vous la garde du tombeau du héros dont les cendres couronnent nos glorieux trophées.

« Ma sollicitude s'étendra constamment sur vous pour vous procurer tout le bien-être que réclament votre âge et vos blessures. Je compte, pour me seconder dans mes efforts, sur le concours de tous et sur le bon esprit qui vous anime.

« Appliquez-vous à donner toujours l'exemple de la discipline et du bon ordre, et n'oubliez jamais que, par vos vertus militaires, vous devez servir de modèles à la jeune armée. »

S. A. I. le prince Jérôme, avant de cesser d'habiter les Invalides pour se rendre au Palais-Royal, fit porter les précieuses reliques de l'Empereur, ainsi que les cinquante-quatre drapeaux d'Austerlitz, dans le reliquaire, chapelle sombre placée derrière la tombe du grand homme. Le frère de l'Empereur, accompagné du général comte d'Ornano, assista à cette cérémonie, qui se passa sans bruit, et qui produisit une vive impression sur le bien petit nombre de ceux qui s'y trouvaient.

Peu de temps après, S. A. R. le duc de Gênes, frère du roi de Sardaigne, vint visiter le tombeau de l'empereur. Il y fut reçu par S. A. I. le prince Napoléon et par le gouverneur de l'Hôtel, qui lui firent voir dans tous ses détails les beautés de ce monument.

S. E. l'ambassadeur de Sardaigne et de nombreux aides-de-camp accompagnaient le duc de Gênes, qui se retira vivement ému.

Le 30 septembre 1853, S. M. la reine Christine vint aussi visiter le tombeau de l'Empereur et l'Hôtel des Invalides.

Nous donnons ici le compte-rendu de cette intéressante visite.

« Aujourd'hui à deux heures, la reine douairière Christine a visité l'hôtel des Invalides.

« Le général de division comte d'Ornano, gouverneur de l'Hôtel, prévenu de la visite de S. M., l'attendait à sa descente de voiture dans la cour d'honneur. Une première voiture était occupée par la reine, le duc de Rianzarès et ses filles ; une seconde voiture amenait les personnes de sa suite.

« Le général d'Ornano, en grand uniforme, était entouré du général Sauboul et de l'état-major de l'hôtel. Il avait auprès de lui le général de Ricard, envoyé par S. A. I. le prince Jérôme, gouverneur honoraire de l'hôtel, qui n'avait pu venir et qui avait confié à son premier aide-de-camp les clefs du tombeau de l'Empereur, afin que la reine pût le voir dans tous ses détails.

« Aux accents de l'orgue, la reine pénétra dans l'église, à l'entrée de laquelle elle fut reçue par le curé et ses deux chapelains ; elle se rendit ensuite au chœur, et, de là, après une pieuse méditation, elle fut conduite au dôme où repose le tombeau du grand homme.

« Nous ne chercherons pas à rendre l'impression profonde

que fait éprouver la vue de cet imposant monument. Il faut la ressentir soi-même pour bien s'en rendre compte. Nous dirons seulement qu'après avoir admiré les diverses parties du dôme, chef-d'œuvre d'architecture, on est vivement frappé de l'aspect du tombeau. A la vue de l'entrée de la crypte on se sent pénétré d'un saint recueillement.

« La reine, sa famille et les visiteurs de distinction, parmi lesquels on remarquait S. Exc. le maréchal Magnan, la maréchale Magnan et ses filles, l'ambassadeur de Naples, etc., furent introduits dans la chapelle Saint-Jérôme. Cette chapelle renferme le cercueil de l'Empereur et ses précieuses reliques, composées du chapeau qu'il portait à Eylau, de son épée et du grand collier de la Légion-d'Honneur.

« De chaque côté est placé un glorieux faisceau de drapeaux pris sur l'ennemi.

« Les illustres voyageurs, vivement émus, quittèrent cette chapelle et le monument qu'ils venaient de voir.

« Avant son départ de l'Hôtel, la reine voulut visiter l'infirmerie, où elle donna des éloges répétés aux soins prévenants et assidus dont sont entourés les malades.

« De là, le gouverneur la conduisit au réfectoire des officiers, immense salle où des tables de douze couverts reçoivent les nombreux hôtes de l'Hôtel. Le service était prêt pour le dîner, et l'on voyait sur les tables la vaisselle plate dans laquelle sont toujours servis les officiers invalides depuis que l'impératrice Marie-Louise en a gratifié l'Hôtel.

« Dans cette salle, une femme officier invalide, M$^{me}$ V$^e$ Brulon, fut présentée à S. M., qui s'entretint quelques instants avec elle, et qui ne fut pas peu surprise, ainsi que tous les assistants, de l'histoire de sa vie militaire.

« M$^{me}$ Brulon, après avoir perdu son mari au service, s'engagea elle-même, sous des habits d'homme, et entra, en 1791, dans le 42$^e$, devenu depuis le 83$^e$ de ligne. Elle servit pendant sept années dans ce régiment qu'elle ne quitta qu'à la suite d'une grave blessure causée par un éclat d'obus. Elle fut admise en l'an VII aux Invalides, où elle demeure depuis cinquante-quatre ans, toujours heureuse de porter son uniforme de sous-lieutenant, et plus fière encore d'en être revêtue depuis que l'empereur Napoléon III lui a donné la croix de la Légion-d'Honneur qu'elle a si bien méritée sur les champs de bataille.

« Ce récit excita le vif intérêt de la reine qui le témoigna à M<sup>me</sup> Brulon.

« Sa Majesté se rendit ensuite à la salle du conseil où elle vit la série curieuse des portraits des gouverneurs qui se sont succédé depuis la création de l'Hôtel.

« Elle termina sa visite par la bibliothèque, où elle admira un magnifique missel in-folio orné de peintures très-remarquables, qu'on conserve avec un soin religieux. Cet ouvrage date de 1676 ; il est dû à deux Invalides qui ont laissé ce monument précieux de leur talent dans ce genre.

« Avant de quitter l'Hôtel, la reine a témoigné à plusieurs reprises au gouverneur combien elle était satisfaite de tout ce qu'elle avait vu et combien elle admirait l'ordre et la propreté qui règnent dans toutes les parties de ce magnifique établissement. »

Aucun fait digne d'être signalé dans ce livre ne s'est passé aux Invalides depuis cette époque.

Le commandement et l'administration s'appliquent chaque jour, sous la direction éclairée et paternelle du général d'Ornano, à apporter de nouvelles améliorations au sort des vieux soldats qui sont, de la part de chacun, l'objet d'une constante sollicitude.

Nous nous sommes appliqué à retracer, dans les pages qui précèdent, les phases les plus saillantes de l'histoire de l'institution et de l'Hôtel des Invalides.

Cet utile établissement qui fut l'œuvre des temps, après

avoir résisté, depuis son origine, à tant de vicissitudes politiques, paraît destiné à vivre aussi longtemps que la valeur française. Chaque nouvelle attaque dirigée contre lui n'a servi qu'à fournir au pays l'occasion de manifester sa vive sympathie pour ce sanctuaire de la bravoure et du patriotisme devenu plus sacré que jamais depuis qu'il abrite sous son dôme le tombeau du César des temps modernes.

# EXPOSÉ DES PRINCIPALES RÈGLES

SOUS L'EMPIRE DESQUELLES SONT PLACÉS AUJOURD'HUI LES PENSIONNAIRES
DE L'HOTEL.

## SOMMAIRE

Conditions d'admission. — Cadres dans lesquels sont répartis les Invalides. — Enfants de troupe. — Secours aux veuves. — Habillement. — Solde. — Nourriture. — Service du culte. — Service de santé. — Chauffoirs. — Conseil d'administration. — Composition du personnel de l'Hôtel.

CONDITIONS D'ADMISSION. — Pour pouvoir être admis à l'Hôtel, il faut être pensionné par l'État, être âgé de soixante ans, au moins, ou avoir des blessures et infirmités équivalentes à la perte d'un membre.

Les admissions sont prononcées par le ministre de la guerre.

CADRES DANS LESQUELS SONT RÉPARTIS LES INVALIDES. — Indépendamment des états-majors de l'Hôtel, dont les décrets des 20 janvier 1849 et 30 mars 1852 ont réglé la constitution, ainsi que nous l'avons dit à ces dates, les militaires invalides sont répartis en quatorze divisions d'un effectif à peu près égal.

La première division est composée uniquement des officiers invalides de tous grades.

Trois autres divisions, *dites de moines-lais,* se composent des manicros, gâteux, aveugles et infirmes de toutes sortes, qui ont des servants pour les soigner et une nourriture spéciale.

Chaque division est commandée par un chef de division ayant sous ses ordres un adjudant, un sous-adjudant et un nombre suffisant de chefs de chambrée chargés de maintenir l'ordre.

Les nominations, à ces divers emplois, sont faites par le gouverneur.

Un détachement de canonniers, de soixante hommes à peu près, est chargé du service des pièces. Il fait partie d'une des divisions.

ENFANTS DE TROUPE. — Les enfants de troupe, au nombre de douze environ, occupent un logement à part. Ils sont surveillés de près par un sous-officier, et reçoivent, sous la direction d'un officier, tous les soins nécessaires à leur âge, tant sous le rapport de l'éducation que sous celui de l'instruction.

Ils remplissent, à l'Hôtel, les fonctions de tambours, sous les ordres d'un tambour-major.

Leur instruction religieuse est confiée au clergé de l'Hôtel.

SECOURS AUX VEUVES. — Une somme annuelle de 21,500 fr. est destinée à venir en aide aux veuves des Invalides qui sont dans l'indigence. Les demandes sont adressées au ministre de la guerre, après avoir été examinées par un comité de bienfaisance institué, à l'Hôtel, dans ce but.

HABILLEMENT. — Les effets d'habillement, que reçoivent les Invalides, se composent de :

1 habit.
1 redingote.
1 veste à dos et à manches.
1 chapeau en feutre.
1 casquette.
1 paire de bretelles.
2 bonnets de laine ou coton.
1 pantalon de drap.
1 caleçon long en toile de coton.
1 cocarde.
2 paires de souliers et un ressemelage par an.
2 paires de bas de laine ou coton.
3 mouchoirs de poche.
5 chemises.

SOLDE. — La solde varie avec le grade; elle est ainsi fixée :

Colonel. . . . . . . . . . . . . . . . . 30 fr. « c.
Lieutenant-colonel. . . . . . . . . . . . 24 «
Chef de bataillon. . . . . . . . . . . . 20 «
Capitaine. . . . . . . . . . . . . . . . 10 «
Lieutenant et sous-lieutenant. . . . . . . . 8 «
Adjudant sous-officier. . . . . . . . . . . 6 «
Sergent-major. . . . . . . . . . . . . . 5 «
Sergent. . . . . . . . . . . . . . . . . 4 «
Caporal. . . . . . . . . . . . . . . . . 3 «
Soldat. . . . . . . . . . . . . . . . . 2 «

Capitaine honoraire. . . . . . . . . . . . . . 5    33
Lieutenant honoraire. . . . . . . . . . . . . 4    «
Chef de chambrée (haute paie de). . . . . . . 5    «

NOURRITURE. — Chaque militaire invalide reçoit, tous les deux jours, 750 grammes de pain blanc, fabriqué dans l'établissement.

Il a, en outre, 250 grammes de viande par jour ;

93 centilitres de vin ;

Et deux portions de légumes secs ou verts, selon la saison.

Trois cents Invalides, mariés et chargés de famille, peuvent obtenir de toucher leurs vivres, tous les cinq jours, pour les consommer dans leur ménage. Cette distribution, *dite des vivres en nature,* se fait dans un bâtiment voisin de l'Hôtel.

Les officiers supérieurs sont servis dans leurs chambres. Tous les autres mangent à des tables de douze couverts, dans les réfectoires qui leur sont destinés.

SERVICE DU CULTE. — Un curé et deux chapelains, résidant tous trois à l'Hôtel, sont chargés du service du culte.

Une messe militaire est célébrée tous les dimanches, à midi, dans l'église Saint-Louis, érigée en paroisse en 1814.

Chaque régiment de la garnison de Paris envoie successivement sa musique, qui joue pendant l'office divin.

SERVICE DE SANTÉ. — Le personnel de santé se compose de :

2 médecins principaux de 1re classe, dont un chef de service.

1 pharmacien principal.

2 médecins ordinaires de 1re classe, ou principaux de 2e classe.

8 médecins aides-majors.

1 pharmacien aide-major.

Quelques médecins sous-aides, détachés des hôpitaux.

25 Sœurs de Saint-Vincent-de-Paul, sous la direction d'une dame supérieure, prodiguent leurs soins aux malades de l'infirmerie, qui renferme 400 lits environ.

CHAUFFOIRS. — Des chauffoirs communs servent de lieu de réunion aux Invalides. Ils y trouvent des tables et des bancs. Ces chauffoirs sont éclairés au gaz comme les corridors.

CONSEIL D'ADMINISTRATION. — Un conseil d'administration a, depuis la création de l'Hôtel, été chargé constamment de surveiller l'administration et l'emploi des fonds.

Ce conseil, dont la composition a varié bien des fois, est aujourd'hui constitué de la manière suivante :

Le général de division, comte d'Ornano, sénateur, président.

Membres :

MM. Comte Boulay (de la Meurthe), sénateur.

Marchand (du Nord), sénateur.

Général Sauboul, commandant l'Hôtel.

Paris de Bollardière, intendant militaire de la 1ᵉ division.
Simon, major de l'Hôtel, lieutenant-colonel.
Billoin, lieutenant-colonel du génie.
Delaruelle, officier supérieur, Invalide.
Tournal, capitaine adjudant-major.
Mathieu de Dombasle, capitaine, chef de division.
Fresnaye, sous-lieutenant, chef de division.
Cristiani, sous-intendant militaire de l'Hôtel, rapporteur.
Gérard, colonel, archiviste, trésorier, etc., secrétaire.

---

# COMPOSITION DU PERSONNEL DE L'HOTEL

## EN CE QUI CONCERNE LES PRINCIPAUX FONCTIONNAIRES

### GOUVERNEMENT

Comte d'Ornano (G. C. ✳), général de division, gouverneur.
Tyrbas de Chamberet (✳), chef d'escadron d'état-major, aide de camp.

### COMMANDEMENT

Sauboul (C. ✳), général de brigade, commandant.
Martinet (✳), capitaine d'état-major, aide de camp.
Simon (C. ✳), lieutenant-colonel, major.

### ADJUDANTS-MAJORS

Tournal (✳), capitaine en retraite.
Blamont (✳),      id.
Walsh (✳), capitaine en activité.
Davout (✳),      id.
Chatenet (✳),      id.
Bernard,      id.
Pietri,      id.
Pernet, lieutenant du service des places.
14 chefs de division.
14 adjudants.
14 sous-adjudants.

### ADMINISTRATION

Cristiani de Ravaran (O. ✳), sous-intendant militaire de l'Hôtel.
Gérard (C. ✳), colonel, secrétaire général, archiviste, trésorier, bibliothécaire, conservateur des trophées, commandant l'artillerie de l'Hôtel.

Martin de Lacoste, adjoint de 1ʳᵉ classe à l'intendance militaire.

Bilco (✻), officier principal d'administration, directeur des services administratifs.

### SERVICE DE SANTÉ

Hutin (O. ✻), médecin principal de 1ʳᵉ classe, chef du service de santé.

Faure (O. ✻), médecin.

Langlois (O. ✻), pharmacien principal de 1ʳᵉ classe, chef du service pharmaceutique.

Peyre (✻), médecin principal de 2ᵉ classe.

Périer (✻), médecin ordinaire de 1ʳᵉ classe.

7 médecins aides-majors.

1 pharmacien aide-major.

6 sous-aides-majors.

### SERVICE DU CULTE

L'abbé Ancelin (✻), curé de la paroisse Saint-Louis des Invalides.

L'abbé Blanc (✻), premier chapelain.

L'abbé Pons (✻), deuxième chapelain.

### SERVICE DES BATIMENTS

Rougevin (✻), architecte de l'Hôtel.

Bugnot, contrôleur-vérificateur.

Dor (✻), garde principal du génie chargé du service des logements.

Santini (✻), gardien du tombeau de l'Empereur.

# DESCRIPTION

## DU TOMBEAU DE L'EMPEREUR ET DE L'INTÉRIEUR DE L'HOTEL DES INVALIDES

Le tombeau de l'Empereur dont nous allons donner la description est construit, comme l'avait prescrit la loi de 1840, sous le dôme des Invalides.

Ce dôme, par la grandeur de ses proportions et la beauté de ses formes, est, en quelque sorte, un monument à part que le génie de Mansard a rattaché à l'église primitive des Invalides. Son plan forme à l'intérieur une croix grecque au-dessus du centre de laquelle s'élève majestueusement le grand dôme.

La hauteur totale de l'édifice est de 105 mètres. Un vaste perron conduit sous le portique que rehaussent de belles colonnes doriques et des pilastres. La porte principale est ornée de riches sculptures au milieu desquelles figurent des L. entrelacés.

Une vaste et belle cour, nommée Cour de Vauban, précède l'entrée de ce monument.

En arrivant par la grande porte, on voit, au fond, se dessiner devant soi l'église des Invalides ornée de ses drapeaux et séparée de celle du dôme par une grille. Devant cette séparation s'élève le magnifique autel construit par M. Visconti, qu'une mort si prompte et si imprévue vient d'enlever aux arts et aux grands travaux qu'il dirigeait avec autant de zèle que de talent. Cet autel est élevé à l'endroit même où se trouvait autrefois celui érigé par Mansard.

En s'avançant sous le dôme on arrive à la balustrade circulaire en marbre blanc, du haut de laquelle on domine la crypte. Dans les angles de droite on trouve les chapelles de Saint-Augustin et de Saint-Ambroise ; dans les angles de gauche, celles de Saint-Jérôme et de Saint-Grégoire.

Entre les deux premières est placée la chapelle Sainte-Thérèse, où reposent les restes de Turenne ; entre les deux dernières se trouve la chapelle de la Vierge, où l'on remarque le monument élevé à Vauban.

Nous avons raconté dans le cours de cet ouvrage la cérémonie de translation aux Invalides du corps de Turenne, et la manière heureuse dont sa dépouille mortelle avait échappé à la violation des tombeaux de Saint-Denis. Le monument élevé à sa mémoire est placé au-dessus de l'autel de la chapelle Sainte-Thérèse. La composition en est due à Lebrun et l'exécution à Tuby-le-Romain. Turenne y est représenté expirant entre les bras de l'Immortalité. Un aigle effrayé, symbole de l'Empire sur lequel il avait remporté tant de victoires, est à ses pieds. Deux figures de femme, la Sagesse et la Valeur, entourent le tombeau au-dessus duquel s'élève un obélisque en marbre veiné. Le bas-relief en bronze, placé en avant, reproduit la dernière action de Turenne dans la campagne de 1671.

Quant au tombeau actuel de Vauban, qui fait face au précédent, il a remplacé celui qui avait été élevé à ce guerrier, au même lieu, en 1808. Il est dû à M. Etex.

Vauban, à demi-couché, se livre à la méditation. La partie supérieure de son corps se détache sur une pyramide en marbre gris, entourée de drapeaux. Deux statues colossales en marbre blanc, symboles de la science et de la guerre, occupent les deux côtés de la base du monument. Le bas-relief représente des attributs de l'art de l'ingénieur militaire.

La chapelle Saint-Jérôme, que nous avons nommée plus haut, renferme provisoirement le dépôt sacré des restes mortels de l'Empereur. De riches tentures parsemées d'abeilles en garnissent le pourtour; la grille d'entrée est recouverte de vastes rideaux de même étoffe entre lesquels on aperçoit le cercueil qui contient la dépouille mortelle du grand homme. Des lampes funéraires, des trophées de drapeaux, les reliques de l'Empereur placées en avant du cercueil, complètent la décoration simple et imposante à la fois de ce lieu solennel dont l'aspect seul imprime le recueillement et le respect.

Le nouvel autel de l'église du dôme, par l'élégance de sa construction, par la richesse des matériaux qui le composent, forme à lui seul un monument remarquable. Son baldaquin doré, qui s'élève vers la coupole, est soutenu par quatre colonnes torses, monolithes d'un marbre précieux. Ces colonnes, du plus bel effet, ont 7 mètres de hauteur sur 0m90 centimètres de diamètre.

A droite et à gauche de l'autel se déploie un large escalier semicirculaire en marbre blanc que l'on descend pour arriver à un vaste palier sur lequel s'ouvre l'entrée de la crypte.

Les parois du soubassement de l'autel sont en marbre vert de l'Isère. Contre les piliers qui séparent le dôme de l'église de l'Hôtel s'élèvent les tombeaux simples et sévères exécutés d'après les dessins de M. Visconti, des maréchaux du palais Duroc et Bertrand, ces serviteurs fidèles qui, après la mort, semblent veiller encore à la garde de leur maître.

Une porte de bronze d'un aspect imposant donne entrée dans la crypte. Au-dessus est placée une table de marbre noir sur laquelle sont tracées en lettres d'or ces paroles du testament de l'Empereur.

JE DÉSIRE
QUE MES CENDRES REPOSENT SUR LES BORDS DE LA SEINE
AU MILIEU DE CE PEUPLE FRANÇAIS QUE J'AI TANT AIMÉ.

On arrive à la crypte en descendant vingt-six marches de marbre blanc, construites sous une voûte dont les marches de l'autel forment la partie supérieure. Au bas de cette rampe on voit s'élever devant soi le sarcophage taillé dans un bloc immense de marbre venu du fond de la Finlande. Une machine à vapeur a dû être employée pour donner à ce marbre si dur la forme sépulcrale. Ce cercueil repose sur un socle de granit vert des Vosges. L'intérieur du cercueil est doublé de marbre de Corse.

Le sol de la crypte est entièrement recouvert de marbres de couleurs diverses, formant mosaïque.

Le sarcophage est placé dans un espace circulaire entouré d'une galerie qui s'étend sous le pavé du dôme, et au plafond de laquelle sont suspendues des lampes funéraires. Les murs de cette galerie sont ornés de dix bas-reliefs en marbre blanc qui résument, en quelque sorte, les grands travaux de la vie de l'Empereur, savoir :

La Légion-d'Honneur ; les Grands Travaux publics ; le Commerce et l'Industrie ; la Cour des Comptes ; l'Université ; le Concordat ; le Code ; le Conseil d'État ; l'Administration ; la Pacification des troubles.

Sept de ces bas-reliefs ont été exécutés par Simart ; trois par Lanno, Petit et Ottin.

Douze statues colossales de Pradier, en marbre de Carrare, symboles d'autant de victoires, regardent le cercueil. Elles forment les piliers sur lesquels s'appuie la galerie circulaire de la crypte.

Derrière le tombeau est pratiquée une sorte de chapelle obscure à laquelle M. Visconti a donné, à juste titre, le nom de reliquaire. C'est là que furent déposés le chapeau de l'empereur, son épée et le grand collier de la Légion-d'Honneur qu'il portait les jours de cérémonie. Cinquante-quatre drapeaux pris à Austerlitz y furent placés en même temps dans un trépied de bronze doré. L'humidité qui règne dans ce sanctuaire n'a pas permis d'y laisser ces objets précieux, qui ont été transportés depuis dans la chapelle Saint-Jérôme, où repose la dépouille mortelle du grand homme.

En terminant cette description du tombeau de l'empereur, nous devons dire que l'habile architecte sous la direction duquel il a été construit n'était pas complétement libre dans le tracé et dans l'exécution de ses plans. Aux termes de la loi du 10 juin 1840, le tombeau devait être placé sous le dôme. M. Visconti voulait, en outre, laisser à l'œuvre de Mansard sa noblesse, son élégance et son unité. C'est ce qui l'a décidé à adopter les plans qu'il a suivis pour ne pas profaner l'œuvre de ce grand architecte.

ÉGLISE DES SOLDATS. — De l'Église du Dôme on passe dans celle dite des Soldats, séparée de la précédente par une grille. L'entrée principale de cette église donne dans la cour d'honneur. Elle a 70 mètres de longueur, 24 de largeur et 22 d'élévation dans œuvre. Sur ses piliers sont placés des cénotaphes élevés à la mémoire de plusieurs gouverneurs de l'Hôtel.

Des drapeaux pris sur l'ennemi sont suspendus à la partie supérieure de l'église. On n'y voit malheureusement plus figurer ceux qui rappellent nos anciens triomphes ; car, de tous ces dépôts glorieux, consumés en 1814 par ordre du gouverneur, il ne reste que cinquante-quatre drapeaux pris à Austerlitz qui, comme nous l'avons indiqué, accompagnent dignement, dans la chapelle Saint-Jérôme, le cercueil de l'empereur.

Un beau jeu d'orgues, nouvellement terminé, occupe une grande tribune placée au-dessus de la porte d'entrée.

En sortant de cette église on se trouve sous les arcades de la cour d'honneur (côté du Midi). Au-dessus du portail est une horloge remarquable, ouvrage d'art dû, en 1781, au célèbre Lépaute.

Dans l'arcade du premier étage, qui fait face à cette horloge, est placée la statue, en plâtre, de Napoléon, qui a servi à fondre celle de la colonne Vendôme.

Le visiteur qui, en sortant de cette église, voudra parcourir l'Hôtel, devra se rendre à :

*L'Infirmerie*, vastes bâtiments placés dans la partie sud-est de l'Hôtel, destinés et appropriés de tout temps aux soins à donner aux malades. Elle se compose de sept salles principales pouvant contenir environ quatre cents lits. Au milieu de la plus grande de ces salles (celle dite de Saint-Louis) s'élève un autel qui divise cette vaste salle en quatre parties, d'où les malades, tout en étant au lit, peuvent entendre et voir célébrer l'office divin.

Des cuisines particulières, un vaste établissement de bains où l'on peut donner des bains sulfureux, de vapeur, etc., complètent cette partie essentielle du service. Un bâtiment spécial, contigu à l'infirmerie, est affecté au logement des Sœurs de Charité qui prennent soin des malades.

Les pharmacies se composent de la grande et de la petite pharmacie. Elles sont à portée de l'infirmerie. On y remarque une table richement sculptée du temps de Louis XIV, des armoires et de beaux vases de la même époque. On y voit aussi des médicaments conservés depuis la création de l'Hôtel.

Les bâtiments de la *Boulangerie* sont près l'Infirmerie. Ils comprennent tout ce qui est nécessaire à la manutention du pain qui se fabrique à l'Hôtel.

En revenant dans la cour d'honneur, on trouve quatre grands *réfectoires* contigus aux galeries est et ouest, que forment les portiques du rez-de-chaussée. Ils sont ornés de peintures à fresque exécutées par Martin, élève de Van-der-Meulen. Ces peintures, qui ont presque toutes besoin d'être rafraîchies, reproduisent, dans leur ensemble, les principales conquêtes de Louis XIV.

Tous ces réfectoires sont garnis de tables rondes de douze couverts. Les repas ont lieu à neuf heures et dix heures du matin, à trois heures et à quatre heures du soir. La moitié des pensionnaires est servie à chacun de ces repas.

Les officiers sont servis dans de la vaisselle plate, donnée à l'Hôtel par l'impératrice Marie-Louise.

Les officiers supérieurs mangent dans leurs chambres. Les Invalides de la catégorie des moines-lais mangent aussi séparément une nourriture spéciale, préparée pour eux, dans les cuisines de l'infirmerie.

La *Boucherie* est située près de l'Hôtel. La viande est reçue, tous les jours, après un contrôle sévère.

Les *Cuisines* sont à portée des réfectoires ; elles se composent de trois vastes pièces dont l'une surtout, la cuisine des soldats, est remarquable par ses dimensions et par les fourneaux qu'elle renferme. On n'y voit plus la fameuse marmite dont on parlait tant autrefois ; mais on y trouve d'immenses fourneaux sur lesquels on prépare chaque jour la nourriture de trois mille pensionnaires environ. La cuisine des officiers est contiguë à la précédente. On y remarque d'énormes broches à rôtir qui se superposent devant un bûcher incandescent. Le gril aux côtelettes est aussi quelque chose de vraiment curieux par ses dimensions. Il est porté sur de fortes roulettes en fer.

Les principaux *dortoirs* sont, au-dessus des réfectoires, au premier et au deuxième étages ; mais beaucoup de chambrées occupent aussi d'autres parties des bâtiments de l'Hôtel. Les officiers ont chacun leur chambre. Les officiers supérieurs ont un logement plus complet.

Diverses salles servent de *chauffoirs* et de lieux de réunion pour les Invalides qui peuvent s'y livrer à divers jeux.

La *Bibliothèque*, composée de 16,000 volumes environ, fut établie en 1800. Elle occupe, au premier étage au-dessus de la grande entrée, la vaste pièce qui formait autrefois, comme nous l'avons dit dans le cours de cet ouvrage, la salle du conseil. Elle renferme un très-beau plan en relief de l'Hôtel. On y voit, conservé sous un globe, le boulet qui, dit-on, a tué Turenne.

La *Salle du Conseil* est contiguë à la bibliothèque. Elle est précédée de deux pièces moins importantes. Dans la première se trouve la collection curieuse des drapeaux français des différents corps à diverses époques. Dans la seconde, on trouve les portraits des gouverneurs qui se sont succédé à l'Hôtel. La salle du conseil en renferme un plus grand nombre. Dans cette dernière pièce on remarque surtout :

Un portrait en pied de Louis XIV.

Un portrait de Napoléon I<sup>er</sup>, par Ingres.

Un buste en marbre de Napoléon I<sup>er</sup>, par Bosio.

Un buste en marbre de Napoléon III, par Émile Thomas.

Un buste en marbre de S. A. I. le prince Jérôme, offert par le comte d'Orsay.

Les *Archives* sont situées à l'étage au-dessus de la bibliothèque. Elles offrent un précieux dépôt de documents historiques confiés, depuis la création de l'Hôtel, à un archiviste qui réunit à ces fonctions celles de secrétaire du conseil.

Sous les combles sont établies les vastes galeries des *plans en relief*, où sont reproduits, avec autant d'exactitude que de précision, nos forts, nos villes fortifiées, etc.

En sortant de la cour d'honneur, vaste quadrilatère où l'architecture du XVII<sup>e</sup> siècle a déployé toutes ses ressources, on se trouve près de la grande façade de l'Hôtel, construite par Libéral Bruant. Cette façade a plus de 200 mètres de longueur. Trois avant-corps rompent la monotonie de cette longue ligne de bâtiments. Celui du centre est orné de pilastres et d'un arc-de-triomphe, au milieu duquel paraît la statue équestre de Louis XIV. Deux grands pavillons, couronnés par une terrasse carrée, terminent les extrémités de cette façade.

L'espace, qui s'étend entre ces bâtiments et la grille d'entrée, est occupé par des avenues, des parterres et des petits jardinets que cultivent des Invalides.

Enfin, la belle Esplanade, dite des Invalides, commence en sortant de la grille et se prolonge jusqu'à la Seine. Elle formait pour les soldats, il y a quelques années, une belle et vaste promenade encombrée aujourd'hui par des matériaux de construction, mais qui, sans doute, pourra bientôt être rendue à sa destination première.

FIN

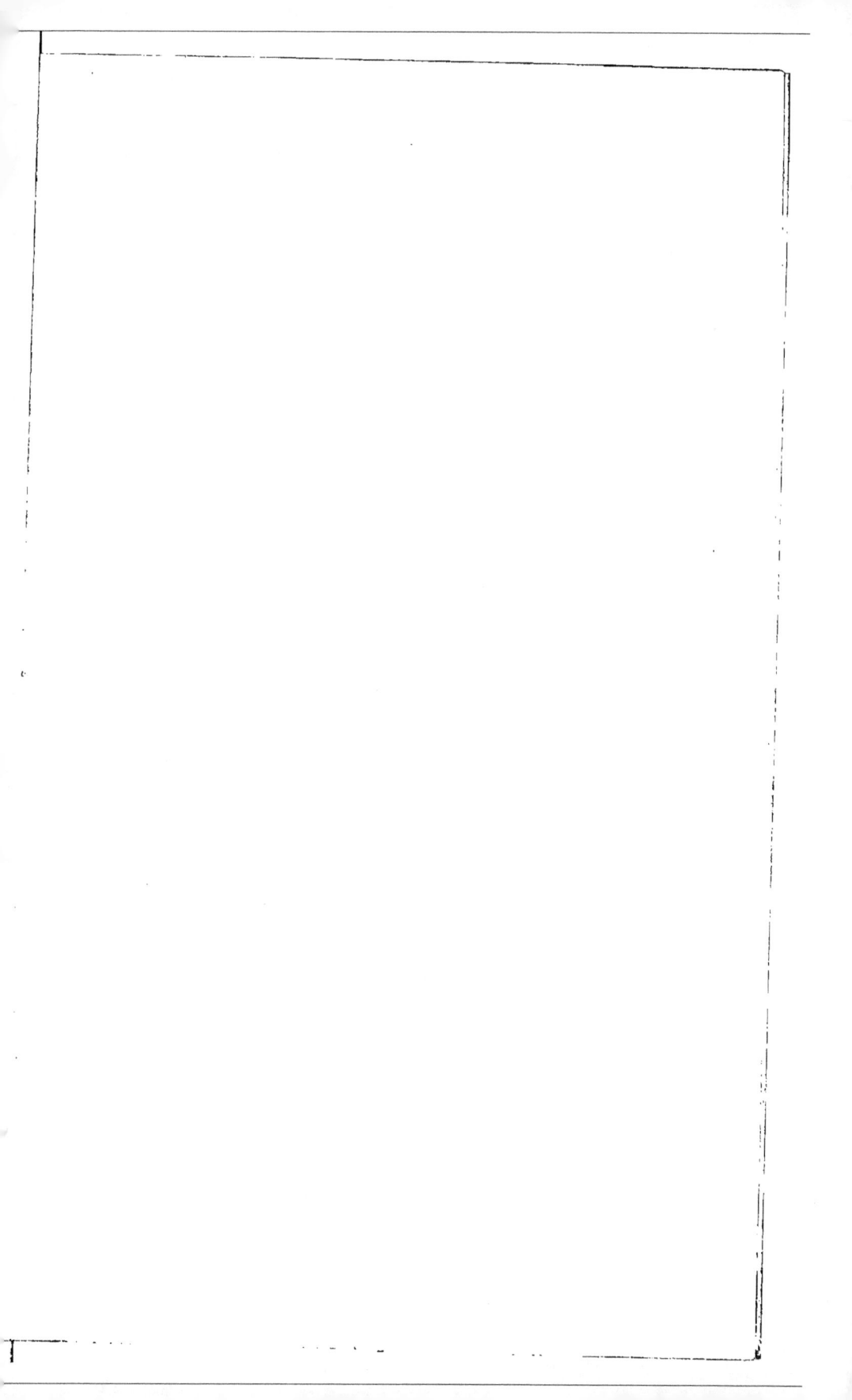

www.ingramcontent.com/pod-product-compliance
Lightning Source LLC
Chambersburg PA
CBHW072032080426

42733CB00010B/1867